懂孩子的妈妈不内耗

漫画版

吴利霞 ◎ 著

中华工商联合出版社

图书在版编目（CIP）数据

懂孩子的妈妈不内耗：漫画版 / 吴利霞著.
北京：中华工商联合出版社，2024. 10. -- ISBN 978-7-5158-4119-9

Ⅰ．G78

中国国家版本馆 CIP 数据核字第 2024J4F343 号

懂孩子的妈妈不内耗：漫画版

作　　者：	吴利霞
出 品 人：	刘　刚
责任编辑：	吴建新　关山美
装帧设计：	荆棘设计
内文插图：	魏新华
责任审读：	郭敬梅
责任印制：	陈德松
出版发行：	中华工商联合出版社有限责任公司
印　　刷：	三河市宏顺兴印刷有限公司
版　　次：	2024 年 10 月第 1 版
印　　次：	2024 年 11 月第 1 次印刷
开　　本：	710mm×1000mm　1/16
字　　数：	180 千字
印　　张：	10
书　　号：	ISBN 978-7-5158-4119-9
定　　价：	69.80 元

服务热线：010—58301130—0（前台）

销售热线：010—58302977（网店部）
　　　　　010—58302166（门店部）
　　　　　010—58302837（馆配部、新媒体部）
　　　　　010—58302813（团购部）

地址邮编：北京市西城区西环广场 A 座
　　　　　19—20 层，100044

http://www.chgslcbs.cn

投稿热线：010—58302907（总编室）

投稿邮箱：1621239583@qq.com

工商联版图书
版权所有　侵权必究

凡本社图书出现印装质量问题，请与印务部联系。

联系电话：010—58302915

前言

我们日常会经常听到"内耗"这两个字,由于内耗,人会心烦意乱,沉闷压抑。但如果加上"不",则立马会显出另一番风景了。

就家庭教育而言,内耗的教育,会使孩子疲惫,家长焦虑,往往会忽视孩子自身的兴趣和潜能,孩子所展现出来的面貌自然也不符合家长的心理期待。

那么什么是不内耗教育呢?简单地说,就是减少教育过程中的无效损耗,让教育更加高效、更加贴近孩子的成长需求。其核心在于关注孩子的全身心发展与成长。

可以说,在这个世界上,每一位妈妈都想让自己的孩子成为思维敏捷、性格开朗、有责任、善交际、懂礼貌、具有良好习惯的优秀之人,并且为之在不断地深入研究和努力。然而事实是,尽管我们做了很多,付出了很多,效果却并非如妈妈想象的那样,孩子在某些方面提升很慢,甚至还会变得逆反而不尽人意。这种情况是很多妈妈在教育孩子的过程中遇到的困惑,也是现代家庭教育所面临的挑战。

信息发达的时代,我们不缺育儿信息,也不缺方法策略,每个妈妈都有自己的育儿经验,也都能讲出其中的道理,但如上所言,效果并不都是非常理想,其根源往往在于教育过程中的"内耗"成分太重。那么,我们该如何做才能尽自己所能最大限度地让孩子健康茁壮地成

长呢？

我有一位女同学在上海做财务工作，她的儿子今年9岁上三年级，前几天她给我打电话抱怨说："哎呀！现在的孩子真不好管。就我们家这小子，我给他讲道理，他的道理比我还多；我强硬呵斥他，他要么彻底不理我，要么比我还厉害，真不知道该怎么办啊！"

表面看，就教育孩子的形式来说，除了讲道理，便是强硬式的命令，其实，我这位朋友的孩子之所以不听她的，并不是她用的方法完全错误，而是她忽视了孩子的心理。当孩子犯错后，她不知道孩子为什么会犯错？原因是什么？目前的心理状况如何？是难过还是无所谓？

当不知道孩子的心理状况时，那么所说的再科学的教育技巧、方法，作用都不会太大，甚至有时还会起到反作用。

我认为，不内耗的教育，其重要的核心，就是家长一定要稳得住自己，要走进孩子的心里，了解孩子的心理，让孩子在"不内耗"中成长，这是教育孩子的基础和前提。比如注重对孩子思维、性格、交际、习惯、责任、自信、坚强、能力等方面的培养。

要知道，每一个孩子都有自己的特质，帮助孩子去寻找他们闪光发热的兴趣，而不是以家长的兴趣为基础，这样才能促进孩子全身心地健康发展，使孩子未来具有更强的竞争力。

本书图文并茂，简明易懂，深入阐述"懂孩子的妈妈不内耗"的教育，让妈妈们激发孩子爱学习的兴趣，消除孩子厌学的心理，协调提升孩子人际关系，让我们的孩子在成长中变得更加优秀。

本书既是一本儿童心理学书籍，更是一本育儿经。希望通过本书，能够让天下每一个孩子健康茁壮地成长。

目录

第一章 读懂内心，既不内耗自己，也不内耗孩子
每一个妈妈都需远离的五种心理状态 / 2
每一个孩子都有八个心理需求 / 5

第二章 塑造性格：心中的想法决定未来性格
孩子的表现型性格 / 14
孩子的思考型性格 / 16
孩子的领导型性格 / 20
孩子的亲切型性格 / 23
批评有度，别吓"坏"了孩子 / 26
勇敢，从消除恐惧心理开始 / 29

第三章 懂得交际：抛开内耗的心，打破阻碍孩子沟通的屏障
读懂孩子的交际需求与信号 / 34
儿童社交启蒙六要素 / 36
孩子交际需要好榜样 / 39
亲子活动可提升孩子交际力 / 41

多见世面，才能成为社交小达人 / 45

会说话、善表达的孩子 / 47

第四章　培养习惯：成功的教育从好习惯开始

你的习惯决定了孩子的习惯 / 52

培养孩子好习惯的五个心理学效应 / 54

"四种儿童常见习惯"背后的心理分析 / 57

培养孩子习惯的误区 / 60

孩子过于大方，得管 / 62

第五章　敢担责任：让孩子懂得有担当

孩子为什么会推卸责任 / 66

输了，就要承担结果 / 68

从溺爱孩子的漩涡中摆脱出来 / 70

鼓励孩子承担责任 / 73

给孩子充分的信任 / 76

第六章　自强自信：不要精神内耗，"心"强则自强

接受并承认孩子的不良情绪 / 80

用同理心回应孩子的情绪 / 82

让孩子自己面对挑战 / 85

父母应设定明确底线 / 87

保护孩子的自尊 / 90

第七章　激发创新：从好奇心开始激发孩子动能

　　好奇心就是创造力 / 94

　　爱拆东西的孩子 / 97

　　为某件事情痴迷 / 99

　　兴趣引导，让孩子爱上学习 / 101

　　鼓励孩子自由探索 / 104

第八章　管理情绪：保持心的敞亮，不在茫然的情绪中费心耗神

　　开心 / 108

　　易怒 / 110

　　焦虑 / 112

　　委屈 / 115

　　紧张 / 117

第九章　培植感恩：感恩起于感受，源于真情

　　言传身教胜于说教 / 122

　　培养孩子的同理心 / 123

　　从物质教育入手 / 127

　　认知亲情 / 129

　　榜样的力量 / 132

第十章　提升能力：拒绝内耗，适当放手是一种高级的爱

　　鼓励孩子做一些力所能及的事情 / 136

　　离不开妈妈的孩子 / 138

自己的事情自己做 / 140

放手让孩子尝试 / 143

在孩子面前"弱势"一点 / 146

第一章
读懂内心，既不内耗自己，也不内耗孩子

看懂孩子成长教育的关键要素是先读懂自己，只有通过认识自己，理清自己的教育理念、心理状态等，才能更加客观理性地教育孩子，孩子才能最大限度地接受我们的教育。

每一个妈妈都需远离的五种心理状态

天下的妈妈都是爱自己的孩子的,我们也会用"无私""纯洁""伟大"这些词来形容母爱。但管教孩子,不要用内耗的教育方式,妈妈要远离五种心理状态。

第一种:以爱之名操控孩子。

生活中很多父母都会有一种心理,认为孩子的生命是自己给的,那么自己就有权利支配他,总喜欢打着"为你好"的旗号强迫孩子做他不情愿做的事情,通过对孩子的掌控,满足自己的心理,却忘了真正的爱,首先是尊重,是成全,是放手,而不是极端地控制。

第二种：以爱之名勒索孩子。

利用内疚心理勒索孩子，这种妈妈存在严重的心理问题，如果孩子长期处在被勒索，被动内疚的状态下，很可能会被毁了一生的幸福。美国心理学家大卫·霍金斯通过30年的跟踪调查发现："内疚心理对于人的心理健康的负面影响，比恐惧、悲伤等情绪都要严重。"

第三种：以爱之名抱怨孩子。

许多母亲都喜欢"甩锅"，好像生活中所有的不如意都是因为有了孩子，经常在孩子面前宣泄自己的负能量，久而久之，孩子就会变得缺乏安全感，敏感自卑。

第四种：以爱之名"绑架"孩子。

不少妈妈喜欢在孩子身上找补自己的人生缺憾，用爱的名义"绑架"孩子，让孩子为自己的梦想买单，所有自己做不到的事情、自己实现不了的目标，都希望孩子能替自己圆回来。这样的父母，间接地将孩子当成一个完美的"超我"，却忽视了妈妈和孩子原本是两个不同的个体，孩子并不能代替妈妈，他们应该有自己的自我。学会尊重孩子的意愿，让他活出自己的人生，才是妈妈应该做的事情。

第五种：以爱之名窥视孩子。

每个人都有自己的隐私权，孩子也一样，作为妈妈，不能总是打着爱的名义，肆意地践踏和侵犯孩子的隐私，错误地认为，孩子是我生的、我养的，有什么是我不能知道的？要知道，孩子也有自己的隐私权。

每一个孩子都有八个心理需求

每个孩子的成长过程中都有自己的心理需求，主要表现为：

需求一：皮肤饥饿。 我们都有这样的体验，当亲爱的人给我们一个拥抱，或者是触摸一下我们的脸颊，拍拍我们的肩膀，我们的内心就会感到非常温暖。这是因为人类和其他所有的热血动物都具有一种天生的特殊需求，即互相接触和抚摸。科学家们称这种现象为"皮肤饥饿"，这是一种情感上的需求，是无法通过饮食获得满足的。

心理学支招： 无论你有什么理由，都不要忘记经常拥抱你的孩子。记住，把孩子抱在怀里走路比推着婴儿车更重要，当你的孩子伸着双手要你抱抱时，不要拒绝，尽量满足他。拥抱能使孩子更聪明、更机灵、更自信、更独立。

需求二：记忆饥渴。 婴幼儿常常对重复出现的东西感到不满足，总是需要寻求新的感觉刺激，并且表现得东张西望，东奔西跑，到处乱窜，很不安分……这种现象被称为"记忆饥渴"。

心理学支招：无论你有多忙，也要抽出时间，带孩子多去见见人和物，适当地提供线索常常能帮助孩子非常完整地记住经历过的事情，并有利于组织思维，进行情节记忆，这对他以后学习词汇、理解词汇的意义以及进行语文记忆，都起到重要作用。

需求三：安全感。有些孩子睡觉时一定要抱个熟悉的物品，或是某种特定行为才能安心入睡，这是一种缺乏安全感的表现。黑夜中未知的事物似乎一下子增多了，令孩子们非常不安，于是恋物情结也会越加严重，这也是由于缺乏足够的安全感。

心理学支招：孩子的"恋物癖"是孩子感情的一种寄托。家长不用太过担心。与此同时，家长应该让孩子多出去和别人交流，朋友多了。孩子自然不会再依恋家里的"小伙伴"了。

需求四：依恋。生活中，有很多孩子就像大人身后的"跟屁虫"，总是喜欢黏着人不放。只要妈妈的身影一离开自己的视线范围，他们就表现得十分恐惧。甚至有时候，旁边绝对不能没人超过一分钟，否则他就会哇哇大哭起来，这便是孩子的依恋需求。

心理学支招：有人曾经说："这个世界上所有的爱都是为了在一起，只有一种爱是为了分离，那就是父母对子女的爱。"的确，为了孩子能够更好地成长，母亲要学会让孩子自己飞翔。如果孩子老是离不开妈妈的怀抱，那么他就不可能学会独立自主地做事情。

需求五：交往欲。美国一个儿童机构的研究证明，孩子小时候受人欢迎，那么他长大受人欢迎的可能性很大；相反，如果一个小孩子从小就受人排斥，那么长大后他也很难改变不受欢迎的遭遇和消极的社会关系。这说明孩子早年是否受欢迎与孩子今后是否受欢迎很有关系。

心理学支招：孩子们在正确交往中沟通信息，活跃思维，增进知识，发展智力；在交往中交流感情，建立友谊，学会合作；在交往中发展自己，满足自己的需要；在交往中掌握人际关系的技能，懂得做人的道理，实现自身的价值。

需求六：游戏欲。据调查，60%以上的孩子，和家长在一起游戏的时间平均每天不到半个小时，20%的孩子不到15分钟，另有近20%的孩子在一天之内见不着家长。对于孩子们来说，再多的玩具，再好的保姆，再高档的幼儿园也代替不了爸爸妈妈。他们更希望与爸爸妈妈一起共度美好时光。

心理学支招：孩子是父母最大的财富，教育孩子是父母最大的事业。亲爱的家长们，请多抽出一点时间，陪着可爱的孩子玩一玩吧。为我们可爱的孩子能够拥有一个"玩得痛痛快快"的童年,一个"前途无量"的明天,陪着孩子一起玩吧。

需求七:探索欲。这是什么?那又是什么……孩子往往觉得这个世界真奇妙,小脑瓜里装着无数个问题。拥有好奇心是孩子的特点之一,特别在儿童阶段,有些事孩子往往会"打破砂锅问到底",这是孩子的探索需求。

心理学支招:对于孩子的好奇心,妈妈应采取积极的态度,鼓励孩子的探索精神。陶行知先生曾提出对孩子的"六个解放",即解放孩子的嘴、眼睛、双手、大脑、时间、空间。从而达到最大限度地保护孩子的好奇心,激发孩子的求知欲,促进孩子独立思维和创造性思维的发展。

需求八：秩序敏感期。 孩子需要一个有序的环境来帮助他认识事物、熟悉周围的一切。一旦他所熟悉的环境消失，他就会感到无所适从，就会哭闹，甚至大发脾气。孩子的这种行为称为对秩序的敏感力，表现在对事物发生的顺序、物品摆放的相对位置、生活习惯等都有比较固定的要求。有这些行为表现的孩子就处在秩序敏感期，这是他建立内在秩序、构建智力的一种心理需求。

心理学支招： 秩序感是生命的需要，是影响孩子的终身品质，我们要协助孩子完成他精神上和身体上的成长，为孩子提供有利于他建立良好秩序感的外在环境和条件，真正理解孩子在秩序感形成的敏感期的种种表现，才是对生命的最好的尊重和爱护。

第二章
塑造性格：心中的想法决定未来性格

良好的性格毫无疑问是积极的人生态度，它会使孩子拥抱学习和成长，正确地面对失败与成功，拥有面对挫折的良好适应能力。

孩子的表现型性格

【心理解析】

这种类型的孩子天生很重视外表，极爱说话，语速快，热情大方，同情心很强，很能为人着想。

他们对什么事都能保持热情，但是很难老老实实去做一件事，也很难精力集中在某一个指定的任务上。

他们特别好动，小时候在学校和幼儿园经常让老师头疼。

他们特别善于整齐划一、把环境整理得井井有条。比方说他的玩具是不是分门别类地收纳好，书桌有没有整理得很整齐。

表现型的孩子不喜欢枯燥乏味的东西，他们认为人生是游戏，游戏就是人生。

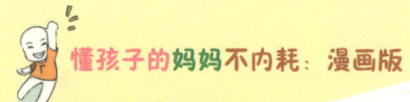

【给妈妈的建议】

他们特别喜欢被肯定，所以，家长可以经常在人多的时候，表扬他们的长处。但表扬的时候一定要具体化。

对这类性格的孩子要求不要太严格，家长可以粗线条一点，从小培养他们的好习惯，但是要对他们放低要求。不强迫他们做超出自己能力的事情，那样会让他们感到痛苦。

妈妈可以给孩子充分的娱乐时间和空间，让他们发挥自己的特长。

表现型的孩子优缺点非常明显，对于这种类型的孩子来说，妈妈要少贬多褒，引导他跟着你的表扬走。

孩子的思考型性格

【心理解析】

这种类型孩子的优点是遇事沉着冷静、严谨细腻、做事有始有终。只要给他一个清楚的目标，告诉他怎么做，他就会主动调整好速度，完成任务。

同时他们又有些敏感、情绪化，做什么事都比别人慢半拍，他们还很害怕与人发生冲突，说话总是欲言又止。有时与人意见相左，只要看见人家脸色一变，他就马上把话吞回去，不敢讲出来。

他们性格敏感、细腻，平常对自己的要求很高、很严，父母如果再对他们高要求，就会加重他们的心理负担。

他们自尊心非常强,所以也非常敏感。对他们说话的音量稍微高一点,他们可能就觉得那是在批评自己。

他们相对来说比较容易害羞,但是他们内心又特别需要被肯定,家长理性温和的表扬对于他们来说,非常受用。

他们对于安全感是非常依赖的,在陌生的环境中,他们沉默寡言,专注于自己的世界中。

他们有很好的思维能力，非常有主见，但是他们是属于被动型的，节奏会稍慢一点儿。

【给妈妈的建议】

妈妈不妨对这种类型的孩子粗线条一点，让他们多接触一些人或者多带他去看看外面的世界，尽量不给他们钻牛角尖的机会，从而培养他大气的气质。

对待这种类型的孩子，即便是批评，也要尽量用柔和来软化他自我防御的盔甲，让他感觉到安全，千万不要用愤怒来对待他们。

妈妈平常表扬这类孩子时，不要用空泛地"你很棒"，也不要用夸大夸张的方式，因为他们比较理性。要通过孩子行为举止的细节，对孩子提出有理有据的表扬，才会真正地打动他们。

　　孩子在做决定的时候，会综合思考，直到完全想清楚整明白的时候才会说出来。妈妈在孩子做决定的时候要给他时间和空间，全力支持和默默等候，不要过于着急和催促。

孩子的领导型性格

【心理解析】

　　领导型孩子多半拥有领袖气质，他平时走路或说话，一定是抬头挺胸、咄咄逼人的样子，这种人不管在哪里，都会有一群追随者，为他马首是瞻。这种领袖气质是天生的。

　　他们思维活跃，敢作敢为，一不留神就无法控制，所以这类孩子很不好带，需要适当的严格教育。

他们天生强势，而且精力旺盛，如果妈妈没有原则，他们就会在妈妈的妥协中得寸进尺，进而把妈妈变成受他们控制的弱者。

能量大是他们最大的优点，他们好强、勇敢，骨子里天生就有一种顶天立地的责任和担当。

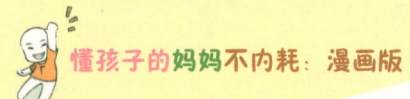

他们通常脾气大,小时候他们会通过哭闹来表达自己的情绪。妈妈一定要给他们情绪空间,允许他们发泄。

【给妈妈的建议】

对这种类型的孩子不要用权威去压制,要以朋友的角度与他谈话,这样才能减轻他的叛逆。

妈妈平常可以让孩子参与到家庭事务中来,做一些无大碍的决定。比如在超市买酱油时,可以让孩子在众多的品牌中决定买哪一种。这样既能让他忙起来,又能满足他内心的成就感。

妈妈要对孩子进行及早的教育和引导，建立双方达成一致的规则。比如和孩子说好每天只能吃一颗糖，超过这个额度，就算孩子撒泼打滚也不行。

妈妈可以在孩子低龄时期，就给他一种被依赖的感觉，当他感觉到自己被需要的时候，就会有更好的动力和表现，也会因此而更加努力。

在日常生活中，这种类型的孩子通常节奏很快，家长要引导他们放慢节奏，让他们在做每件事情的时候，有意识地慢下来全面思考，这样做出来的决定才是最理智的。

孩子的亲切型性格

【心理解析】

亲切型性格的孩子对于父母来说是最省心的，他们天生好脾气，相对来说也是最内向的，他们跟其他孩子是一样的聪明，就是不太喜欢主动说话，所以他们的观察力是最棒的，只是大部分时间只看不说。

这种类型孩子的行动本来就比较慢，如果一次性给他安排太多的事情，会让他感觉无所适从、手忙脚乱，从而导致不良情绪和消极思想的产生。

这种类型的孩子动手速度稍慢，能力稍弱一点，所以很多孩子不太愿意主动"动"起来，即便是做事，也会给人漫不经心的感觉。

亲切型性格的孩子，应该能感知到自己做事效率不高、磨蹭的问题，他们可能也会因此而烦恼。

亲切型的孩子非常有想法，他不喜欢别人发号施令。但是他们经常不喜形于色，在表情上不显山不露水，所以别人常常无法知道他的想法。

【给妈妈的建议】

亲切型性格的孩子乖巧可爱，但似乎做什么事情都会比别人慢半拍，妈妈可以引导孩子一件一件地完成手头上的事情，并且不要同时下达多个任务指令。

妈妈要从做简单的事情开始培养孩子的动能，第一次教导孩子的时候，一定要亲身示范，手把手地教，等他慢慢找到"动"的感觉，心里的成就感才会激发更大的动能。

妈妈要引导孩子及早撕掉"磨蹭"这个标签，但是不要说孩子磨蹭，而是换一种正向的字词，比如说："你本来可以再快一点的"。这不是催促而是通过心理暗示力，让孩子从心理上向这个方向靠近。

妈妈要经常鼓励孩子勇敢表达内心的想法，刚开始时，妈妈可以通过聊天的方式来分段启发孩子，以此了解孩子，给予孩子更合适帮助。

批评有度，别吓"坏"了孩子

【心理解析】

如果过度或者情绪比较激烈的训斥，可能会导致孩子在受到训斥时，感到被贬低、被否定，从而产生自卑、自怨、自责等情绪，影响其自尊和自信心的发展。

如果孩子长期受到训斥，他们可能会感到心情烦躁、不安，难以控制情绪，容易出现焦虑、自卑、抑郁等情绪问题，严重时可能会导致抑郁症或者焦虑症。

有些父母总是没有缘由地大声、长期地训斥孩子，极可能会使孩子产生逆反心理，不仅不改正错误，反而会加重不良行为的出现。

> 一会大家放学一起去看电影、吃饭，别忘记哦！

> 不，不用啦，我不去了，我有事情得回家！

一些孩子性格变得孤僻，没什么朋友。不喜欢跟别人交流，也拒绝交朋友，很多原因都是因为父母过度训斥导致的。

【给妈妈的建议】

妈妈要意识到，总是批评孩子是不对的，甚至可以说是一种无能的做法。因为我们有更好的方法可以替代批评。

如果妈妈以前经常批评孩子，那么，不妨静下心来告诉孩子，自己之前有时候做得不对，经常批评他，希望他能原谅。然后努力调整跟孩子沟通的方式。

当然，孩子做错事并不是不能批评，在批评孩子时，要尽量简短，且持续时间不能太长，批评不能太频繁。

没有任何一种教育方式，可以放之四海而皆准的。所以，保持学习的态度。妈妈会发现，你的孩子，越来越懂事了，你也不需要总批评他了。而你，也就成了有成长型思维的妈妈，真好！

对于脸皮薄的孩子，让孩子主动承认错误，比你主动拆穿他效果好。所以，根据孩子的性格，批评点到为止，让孩子自己感受自己的不对，从而能够鼓起勇气自己承认不对。这种方式不仅教育了孩子，还可以培养孩子的勇气。

勇敢，从消除恐惧心理开始

【心理解析】

儿童恐惧心理指的是儿童在发育过程中，对某些事物感到恐惧，如怕动物，怕水，怕火，怕黑暗，怕陌生人，甚至对代表某些事物的词语也会发生恐惧。

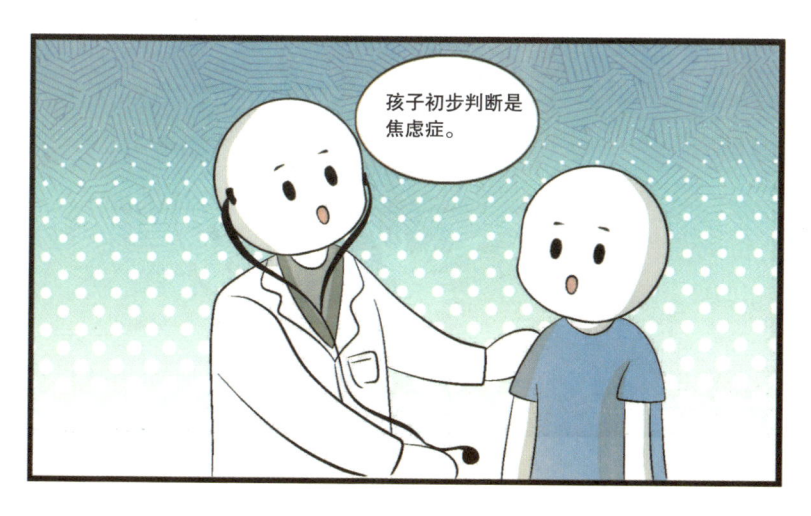

没事没事，孩子比较怕陌生人。

陌生人

孩子初步判断是焦虑症。

儿童恐惧若经常发生，会影响孩子的生理及心理健康，并可导致精神疾病。

恐惧反应可表现为惊慌、惊叫、退缩、痛苦、求救，甚至逃避或对抗，这在孩子接受医疗时（如注射药物）表现最为典型。儿童恐惧时可出现交感神经兴奋症状，表现为呼吸加快，心跳增速，表情紧张，瞳孔扩大，手抖，严重者可呈现紧张惊恐状态，面色苍白，肢体软瘫，甚至一时性大小便失禁或精神抑制等。

研究表明，儿童恐惧的对象是随年龄增长、经验丰富而改变的。幼童多对动物、陌生的物体或突然失去身体支持等感到恐惧。随着年龄的增长，活动范围的扩大，便对想象中的一些动物、黑暗及有伤害性的威胁感到恐惧；且年龄越大，其主观想象的、预料的危险引起的恐惧越多。

【给妈妈的建议】

儿童恐惧心理的矫正方法很多，其中最简便而有效的是"示范脱敏法"，即让儿童有保护地逐步接触恐惧对象，逐渐消除恐惧心理。例如，儿童对黑暗处有恐惧，妈妈可以先抱着或拉着他的手走过黑暗处（暗室或野地），同时告诉孩子黑暗并不可怕。经过一两次，待孩子适应后，可改为陪着他通过黑暗。然后可和孩子一先一后，保持一段距离分别通过黑暗。最后让孩子单独通过黑暗。

语言解释法。儿童惧怕某事物，常是因为无知，不了解该事物。一旦明白真相，其恐惧心理便会自然消除。如儿童对雷电的恐惧，教师、家长可向儿童说明雷电产生的简单道理，从而消除他对雷电的恐惧，并说明不足惧怕的理由，成人此时最好还表现出一种无所畏惧的表情。

转移注意法。当儿童看到、听到所怕的事物时，成人可用玩具或语言来分散他的注意力，使其注意力从惧怕对象上转移，从而忘掉恐惧。

榜样示范法。一方面，不要用恐吓类的话语刺激孩子，如用鬼神、毒蛇、老虎来吓唬孩子。另一方面，要加强孩子行为习惯的指导，以坚毅勇敢的行为影响孩子，培养他勇于探索的精神，从而帮助孩子克服恐惧的心理。

一只虫

第三章
懂得交际：抛开内耗的心，打破阻碍孩子沟通的屏障

　　一个具有高社交能力的孩子知道如何与人融洽相处、如何解决冲突，也更容易在未来的人生中体验和享受成功。所以教育孩子，要贴近孩子的成长需求，让他在"不内耗"之中成长。比如注重对孩子社交和沟通能力的培养就是重要一课。

读懂孩子的交际需求与信号

【心理解析】

每个孩子都有说话的欲望,不管孩子多大,他们都希望能够与他人社交、与长辈交流,妈妈不要觉得孩子性格内向而不爱交流。

有些孩子会故意做一些惹父母生气的事情,只是为了引起父母的注意。虽然这样的孩子受到父母的批评并不少见,但这种方法已经换来了父母的短期关注。

有些孩子非常胆小。他们在沟通需求没有得到回复后，会逐渐封闭自己，变得沉默寡言。毫无疑问，这将对孩子的成长发育产生严重的负面影响。

打断妈妈的话也是孩子表达沟通需求的方式之一，这种方式看似不礼貌，但却彰显了孩子强烈的交际需求。

【给妈妈的建议】

孩子最原始的沟通能力是在与妈妈沟通过程中建立起来的。所以，一旦孩子给妈妈发出了想要沟通的信号，妈妈都应该支持并且给予及时地回复沟通。

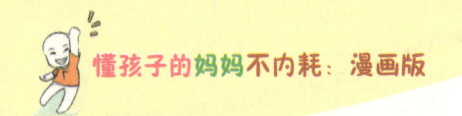

沟通的前提是尊重孩子，而尊重的前提是理解。孩子有什么想法，有怎样的一些问题，在他说出来以后，妈妈要从孩子的角度去设想，站在他的角度你就容易去理解孩子的心理。

有些妈妈总是很暴躁，即使孩子提出了沟通的请求，妈妈也会立刻拒绝。她们不关心孩子想要什么，孩子心里有什么想法，从而导致妈妈与孩子之间代沟越来越深。所以，妈妈在孩子面前要控制自己的情绪，及时回应孩子的沟通请求。

当然，不同年龄阶段的孩子所表现出的沟通需求也是不同的，妈妈在回应时也要采取与孩子年龄段相匹配的方式。

儿童社交启蒙六要素

【心理解析】

儿童社交启蒙教育是指在儿童成长过程中，通过家庭、学校和社会等多方面的教育，帮助孩子建立良好的社交能力和行为习惯，培养积极向上的人格品质，使其能够适应社会环境，与他人和谐相处。

儿童社交启蒙教育有助于培养孩子的合作意识和团队精神。在孩子的成长过程中，他们需要学会与他人合作，共同完成一些任务和活动。这不仅能够锻炼他们的团队合作能力，还可以培养他们的责任感和集体荣誉感。

小组比赛第一名

生日快乐

这是给我的礼物吗？太感动啦！

儿童社交启蒙教育有助于培养孩子的情商和情感管理能力。对于孩子的社交关系、情感健康和心理调适都起着重要作用。

儿童社交启蒙教育有助于培养孩子的人际沟通能力，良好的人际沟通能力对于孩子的成长至关重要。

【给妈妈的建议】

要素一，学会表达自己。学会表达自己是建立人际关系的第一步，也是至关重要的一步。

要素二，关心周围的人和事。人的社会性使得我们要融入集体之中，才能更好地生存和发展。所以，大人要教会儿童关注外在世界，与外界建立密切的联系。

要素三，学会倾听。善于倾听才能打开他人的心扉，才能让他人对自己感兴趣，从而愿意与自己交流。

要素四，培养兴趣爱好。共同的兴趣和话题是人际交往最好的融合剂，能够很快地拉近孩子与其他小朋友之间的关系，帮助孩子与他人建立良好的感情。

要素五，乐于助人。孩子的世界是纯真的，每个孩子都愿意帮助他人，也会得到他人的帮助。在帮助中，孩子之间的交际必然更加顺畅，关系也会变得更加亲密。

要素六，乐于分享。孩子要从进入幼儿园开始，就学会与其他孩子分享，如分享玩具、分享零食，从中获得分享的快乐。

孩子交际需要好榜样

【心理解析】

榜样的力量是心理学中一个重要的原理。榜样通过其可信度和可接近性、认同感、情感共鸣、故事性和情感吸引力以及社会认同等方式影响他人的行为和心态。

基于模仿学习理论，孩子会通过观察学习父母的行为，从而形成与父母相似的特征，父母也会用自己的经验给予孩子的行为不同的反馈，

使这种行为得以强化，从而增加父母与孩子在该特征上的相似性。

同样，在交际中，孩子也会潜意识地去学习玩伴的行为举止，从而达到拉近与玩伴友谊距离的心理，这是一种模仿，同样在孩子心中也是一种榜样。

对于孩子来说，交际中的榜样可以帮助孩子更快更好地塑造正确的交际模式，提升孩子的交际能力。

【给妈妈的建议】

妈妈要以身作则，努力成为孩子交际中的榜样，为孩子的交际树立模范，从而积极地影响孩子的言行举止。

要引导或帮助孩子认识一些交际能力强的朋友，让他们成为孩子在交际上的榜样。

当然，一些性格内向的孩子不爱把自己的想法表达出来，这也往往影响了他的人际关系，阻碍了他向别人学习的机会。对此，我们在构建榜样的同时，也要引导其性格的发展。

亲子活动可提升孩子交际力

【心理解析】

亲子活动能够加强孩子的社交能力，能够让孩子在与同龄人的互动中成长，提高自己的社交能力。

孩子能与其他孩子一起玩耍，这是孩子"社交"的开始，在这个过程中，孩子会逐步建立群体意识。同时，这也是孩子建立是非观的开

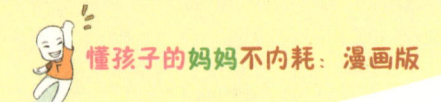

始。所以，亲子活动对孩子的启蒙交际至关重要。

> 跟我来！我带你去我的秘密基地！

很多孩子与父母或多或少地都会产生一些沟通代沟，如孩子觉得父母不懂自己，父母觉得孩子不听话，相互交际甚少。通过亲子活动，这一个问题能够得到较大地改善。

> 咱俩之间有代沟！说了你也不明白！

> 你说说，你最近不好好学习都在干什么？

> 切！

在亲子活动中我们可以更加深入地了解孩子，当然要找准时机，比如当孩子玩得开心的时候、吃饭的时候。孩子越是在快乐的环境下，他的"话匣子"就越容易打开。

当然，父母如果要想和孩子沟通好，就不能太落伍于时代，适当了解并应用一些新鲜词汇，会让孩子刮目相看，也能更快、更容易地走进孩子的世界。

【给妈妈的建议】

多鼓励孩子积极参加集体活动，孩子能够在集体活动中与同学们相互合作、相互玩耍，慢慢提高孩子的沟通能力，也可以增强孩子的合作意识。

多和孩子交流，当孩子自己主动说话的时候要耐心倾听，孩子就会感到自己讲话也是一种快乐。孩子会在积极的评价中获得自信心，增强语言交流的行为和能力。

多参与一些亲子活动，亲子游戏则可以帮助妈妈更好地参与到孩子的活动中来。

我们还可以利用"过家家"的方式来培养孩子的交际能力，比如很多孩子不懂得应该在什么时间开口跟他人问好、要聊一些什么话题等。其实，这些能力在"过家家"中都可以得到很好地锻炼。

多见世面，才能成为社交小达人

【心理解析】

每个人的性格、眼界、人生观都是逐渐形成的。让孩子多见世面，带孩子尽快适应社会社交，有助于孩子更好地了解社会。

经常旅行的孩子，他们要聪明很多，且非常懂礼貌。因为外界陌生的环境，刺激着孩子的感官，孩子会时刻保持着观察力和注意力，社交能力会格外凸显。

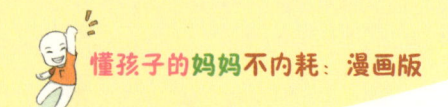

很多时候，孩子往往对社会是充满好奇的，从社交的角度出发，我们应迎合孩子的这种好奇心，去认识世界，了解世界。

> 你在看什么呢?
> 我在观察世界。

一个没有见过广阔世界的人，常常以为自己拥有的，就是最好的。一个没见过世面的孩子，不知道人生中什么是重要的，更不知道如何才能得到它们。

> 金钱?
> 知识?
> 荣誉?
> 你人生中最想要的是什么?

【给妈妈的建议】

节假日时，可以带孩子去旅游，引导孩子去主动交际，比如鼓励孩子与售票员、导购员进行交流，以此锻炼、提高孩子的社交能力。

多交朋友是孩子认识社会、驱除孤独的需要。一个孩子如果不会交朋友，那么这个孩子就会变得很孤独，很难与人沟通，很难适应社会。所以，我们也应该鼓励孩子主动与他人结交朋友，让他们在实践中不断锻炼自己的社交能力。

要为孩子创造一个锻炼"交际能力"的机会。比如，带孩子出门买菜的时候，可以鼓励孩子去跟老板询问菜的价格。让孩子在与陌生人打交道的过程中，提高自己的社交能力。

有广阔的生活空间，有丰富的生活经验，孩子才会有话要说。我们可带他去超市、公园、商场等地方，引导他们观察这些地方的人们是怎样用语言交往的，丰富他们对社会的认识。

会说话、善表达的孩子

【心理解析】

研究表明，让孩子大胆讲话是提高其表达能力的第一步，也是语言功能萌发的必经之路。

孩子的表达能力通常受周围人际、环境以及心态因素所影响，比如在熟悉的环境下，孩子爱表达，在陌生的环境下，孩子羞于表达或者不

敢表达。

> 给大家展示一下最近学的朗诵!

通常,孩子语言表达能力差可能是因为孩子缺乏说话的机会,语言组织力差,不够自信,胆小,所以怯于表达。

> 孩子怕生,不敢说话。

语言表达能力不强的孩子在和他人交流时,会磕磕巴巴词不达意,一方面会影响对方对他的观感,另一方面孩子自己也会感受到失落和自卑。

【给妈妈的建议】

给孩子创造一个表达语言的环境，让孩子可以畅所欲言地表达心里的话语。创造这样的环境，能激发孩子表达语言的欲望，提高孩子的语言交流的能力。

要积极评价孩子，对孩子说话要经常地鼓励和表扬，夸奖孩子有进步，使孩子体会到对语言交流的自信感。从而乐于与别人交流，慢慢地，孩子的交流能力自然会提高。

学会倾听并鼓励孩子多说，妈妈要以平等的朋友身份倾听，并可尝试从不同角度刺激孩子说话，有意识引导孩子说话。对孩子言语表达的内容，不论孩子说得对不对，尽量不要抢了话茬而打断孩子说话，也不要妄加制止。

培养孩子阅读的习惯，不断积累词汇量，构建语言表达的基础。

带孩子多参加社交活动，引导孩子不断地和别人交流，这样可以锻炼孩子的语言表达能力和沟通能力。

老爸

老爸

第四章
培养习惯：成功的教育从好习惯开始

儿童心理学家陈鹤琴曾说，人类的动作90%都是习惯，多半是幼年时期形成的。习惯养得好，终身受益，习惯养得不好，则终身受其累。

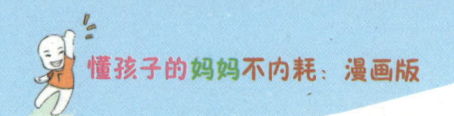

你的习惯决定了孩子的习惯

【心理解析】

习惯决定性格，性格决定命运。每个孩子从出生时，就像一张空白的纸，要成为什么样子的人，在于父母用笔在这张白纸上画上什么。

习惯具有强大的力量，表现在人每天至少有 40% 的行为，并非真正由人的意识决定来促成的，而是来源于人的习惯。

父母是孩子的第一任老师。家长的素质、行为习惯，不仅能影响孩子品德和个性的形成，而且影响着家庭教育的效果。

有的时候，父母的一些小细节，在自己都没有注意的时候，往往就成为孩子模仿的对象，甚至会影响到孩子的一生。

【给妈妈的建议】

语言对孩子影响最深。一些父母在家里不讲究语言文明，夫妻间经常出言不逊，言语粗俗，对孩子骂不绝口，这些粗俗的语言像病毒一样毒害着孩子纯洁的心灵。

在家庭生活中，孩子常是父母坏脾气和坏性格的主要受害者。心理学家认为，孩子的坏脾气和坏性格与其说是从父母那里"传"来的，不

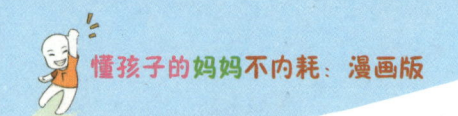

如说是从父母那里学来的。

不可将坏习惯看成是小事，这对孩子的身心健康影响深远。有位小学教师发现一个发人深思的现象：班级里那些个人卫生差的学生，其家庭卫生往往也较差。可以说，孩子的不良习惯主要来自家庭。

据调查，孩子的一些不良嗜好往往都与父母有关，一些吸烟的孩子，其父母双方或一方吸烟者比父母不吸烟者多 3～5 倍；"酒鬼"的子女一般也比同龄人更早地沾染上酗酒的恶习。所以，父母应尽可能地戒除或不在孩子面前展现不良嗜好。

培养孩子好习惯的五个心理学效应

霍桑效应：自律往往是以他律为基础，他律又必须向自律转变。在转变的过程中，他律的形式要发生变化。在孩子的行为中，我们逐渐淡化指挥者的角色，蜕变为旁观者。我们对孩子的关注，是孩子努力表现好的动力；我们对孩子的尊重，又给予他自主行动的空间。如此，他律才有向自律转变的可能。

超限效应："超限效应"是指由于刺激过多、过强或作用时间过久，从而引起心理极不耐烦或逆反的心理现象。在家庭教育中，一句话重复一百遍不会成为真理，而真理重复一百遍却有可能会成为一句废话。为此，我们要避免超限效应。

德西效应：当一个人进行一项愉快的活动时，给他提供奖励反而会减少这项活动对他内在的吸引力。这就是所谓的"德西效应"。想要孩子真正、真心投入到某件事情上，还得从激发他的"内驱力"入手，从

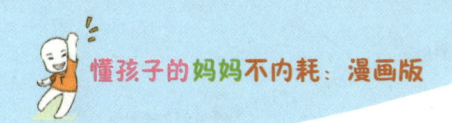

"要我做"转变为"我要做"。

罗森塔尔效应：人的情感和观念会不同程度地受到别人下意识的影响。人们会不自觉地接受自己喜欢、钦佩、信任和崇拜的人的影响和暗示。所以，我们要多给孩子些积极肯定，让孩子知道自己真的很棒。随着肯定和赞赏的积累，孩子在无形中就会养成自律的习惯。

登门槛效应：美国心理学家弗里德曼认为，在一般情况下，人们都不愿接受难度较高的要求，因为它费时费力，还不容易成功。相反，大家都乐于接受难度较小、较易完成的要求。而在接受了较小的要求后，会更容易接受较大的要求。在家庭教育中，先对孩子提出较低的要求，待他们按照要求做了，予以肯定、表扬乃至奖励，然后逐渐提高要求，从而使孩子积极奋发向上。

"四种儿童常见习惯"背后的心理分析

【心理解析】

有些孩子在生气的时候有打人、咬人的习惯，其原因一是孩子缺乏安全感，是一种自我保护行为；二是制止对方的行为。

有些孩子总喜欢插话,这是由他们的年龄特征引起的。比如孩子对讲话内容好奇、孩子急需要大人的帮助等。

还有一些孩子经常撒谎,其原因一是孩子年龄较小,不懂得什么是撒谎,随口说而已;二是没有意识到撒谎的严重性。

嫉妒是很多孩子的一种常见行为，其原因是对小伙伴中在智能、名誉、地位、成就及其他条件比自己强或比自己优越的孩子怀有的一种不安、痛苦或怨恨的情感。

【给妈妈的建议】

对于喜欢打人咬人的孩子，妈妈应多帮助孩子建立安全感，多帮孩子交些好朋友。加强用语言来解决问题的能力。教他用语言来和别人表达思想；引导孩子应该采用和平的方式解决问题。

孩子总是打断大人的话，我们要针对不同的情况，采取相应适当的方式和方法加以引导。比如当孩子对大人谈话内容提出疑问，或遇到困难求助时，妈妈首先不要恼火，解决完孩子的问题后，再告诉他不打断他人说话的礼仪和道理。

对于一些撒谎的孩子，不管年龄与原因，我们都要第一时间介入告诉你撒谎的危害性，可通过讲故事的方法让孩子领悟，逐渐去除孩子撒谎的行为。

对于好嫉妒的孩子，妈妈应采取心理疏通并辅之以思想教育来消除。激发孩子把嫉妒转化为竞争意识。使孩子在赶、超先进中调整自己的行为，增强适应社会环境的能力，使压力转变为动力，超越嫉妒。

培养孩子习惯的误区

【心理解析】

习惯培养是一把双刃剑，用力过猛会束缚孩子的创造性。习惯培养的目标是解放孩子的大脑，让孩子从一些低级的、束缚自己的不良行为习惯中解放出来。

习惯的养成不能重开始轻结果，在轰轰烈烈地开始后，更应该轰轰烈烈地执行和落地。就像一壶水，烧了 70℃，如果不继续烧，便会前功尽弃。

良好的习惯不是靠打骂形成的,孩子带着愤怒或悲伤的情绪去做事,其对孩子的危害性要比什么都不做大很多。

很多父母对孩子要求很多,对自己要求却很低,不能够以身作则,比如孩子在学习的时候,你却在玩手机或看电视,那么,孩子就很难养成良好的习惯。

【给妈妈的建议】

思想家尼采说:"习惯就是让大脑变懒惰、手脚变勤快的东西。"培养孩子良好的习惯需要我们从以下六个方面入手。

第一,提高认识,让孩子认识到养成某个好习惯和改掉某个坏习惯的重要性,并产生兴趣,以及一种强烈的认同、向往和自信。

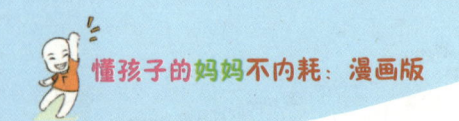

第二，明确行为规范，让孩子对养成某个良好习惯的具体标准清清楚楚。

第三，适时进行榜样教育，让孩子对养成某个良好习惯产生亲切而向往的感情。

第四，坚持不懈地行为训练，让孩子由被动到主动再到自动。

第五，及时评估和奖惩，让孩子在成功的体验中养成良好习惯。

第六，形成良好的环境或风气，让家庭生活和学校环境乃至社会风气成为孩子形成良好习惯的支持力量。

孩子过于大方，得管

【心理解析】

有些孩子会将自己喜欢的东西送给别人，原因之一是孩子的讨好心理，怕拒绝了别人的要求使得他们不开心，所以为了维持良好的关系，会把自己心爱的东西送出去。

当孩子对金钱认识不足时，就会显得无所谓，随意将自己的东西送给他人，主要原因是孩子没有正确的金钱观。

> 这个手表吗？
> 妈妈给我买的。

> 哇！你那个手表好棒！

非常贵

还有一些孩子因为智力发育较晚，不明白物质的归属权，也不懂得自己和他人的界限关系，所以，别人表现出对某件东西的好感时，他不会想到这是自己的东西，要去珍惜、保护，而是很轻松地就把手里的东西给别人。

> 你喜欢？那给你吧！

> 我好喜欢！

> 真的吗！太好啦！

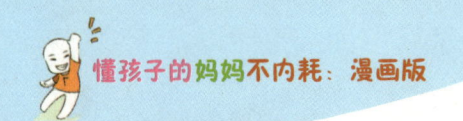

【给妈妈的建议】

首先，对于孩子的"大方"妈妈不能通过斥责去阻止，这样做会让孩子们觉得分享不是一件好事，严重些还会让孩子养成自私自利的性格。家长可以让孩子对于物品的贵重与否有一个概念，在教会孩子分享的同时，也要教会他们不能一味地分享。

让孩子明白，友好的相处是建立在平等的沟通之上，炫耀并不能带来持久稳定的友情以及真正的优越感。

在合适的机会给孩子灌输正确的价值观，比如妈妈可以告诉孩子，一般的玩具、吃食，在自己自愿的前提下，可以跟小伙伴分享，送给朋友。但是电脑、衣服、贵重的玩具等需要征求家长的意见才能做出决定是否分享。

适时地引导孩子懂得珍惜，一方面，妈妈对孩子的爱要有边界，不能孩子要什么就买什么；另一方面，要让孩子知道，自己的东西送给别人，就不会再有，妈妈也不会再买。让孩子意识到自己的东西要自己珍惜。

第五章
敢担责任：让孩子懂得有担当

英国心理学家维克多·弗兰克说：每个人都被生命询问，而他只有用自己的生命才能回答此问题，只有以"负责"来答复生命。因此，"能够负责"是人类存在最重要的本质。

孩子为什么会推卸责任

【心理解析】

孩子在面对错误或失败时,往往会把责任推到别人身上,而不是承担自己的责任。这种行为不仅影响孩子的成长,还会影响到孩子的人际关系和自尊心。

孩子推卸责任的原因之一是因为他们缺乏自我认识和自我反省的能力。孩子们的自我意识和自我认知能力尚未成熟,他们往往无法意识到自己的错误和责任。

孩子推卸责任的原因还在于他们缺乏自信心。当孩子们自信心不足时，他们可能会更容易把责任推到别人身上。

孩子推卸责任还与家庭和社会环境有关。当孩子们生活在一个不负责任的环境中时，他们可能会认为推卸责任是一种合理的行为。

【给妈妈的建议】

引导孩子逐步提升自我认知能力，当这种能力达到一定程度后，他们就会更容易承担责任。

鼓励孩子承认错误来帮助他们建立自我认知能力。在孩子犯错误的时候，家长和老师应该让他们承认错误，并鼓励他们思考如何避免犯同样的错误。

通过鼓励孩子展示自己的优点和长处来帮助他们建立自信心。当孩子们意识到自己有很多优点和长处时，他们就会更有自信心，更容易承担责任。

我们应该树立正确的价值观，让孩子明白承担责任是一种成熟的行为，推卸责任并不能解决问题，只有承担责任才能让孩子们成长为更好的人。

输了，就要承担结果

【心理解析】

"输不起"是人类普遍的人性弱点，因为对于失败我们总会下意识地避而远之。但只要活着，就一定会有失败的时候，因为这是人生的必修课，任何人都无法逃避。

输不起的本质就在于我们无法面对一个坏的结果，在我们成年人的概念中，这也就是所谓的不负责任。而在孩子身上多体现为说谎。

对于一些好胜心强的孩子，他们往往非常在意输赢问题，输赢胜负对他们来说是很重要的，因为这是一个面子问题。

犯错的孩子往往会觉得，只要说了对不起，问题就解决了，责任就

可以不用承担。这样的想法实际上是一种轻视他人感受和责任的表现。

【给妈妈的建议】

有些孩子在玩游戏或比赛活动时，输了就会哭泣，心里难以承受，对此，妈妈可以向孩子讲明规则，道明规矩，让孩子明白，哭并不能改变规则。

输了并不可怕，但是必须让孩子为自己的输负责。只有通过亲身体验失败所带来的后果，孩子才能真正认识到自己的错误，并从中吸取教训。

从小锻炼孩子承担结果的意识，比如当孩子因为不小心打翻了杯子里的水，我们可以让他亲自去找抹布擦拭桌面和地板；当孩子作业未完成时，让他自己向老师交代等。

告诉孩子，一次的失败并不代表永远的失败，这是一个成长与学习的机会，但要坦然承担失败的结果，并从中寻找失败的原因，争取下一次的胜利。

从溺爱孩子的漩涡中摆脱出来

【心理解析】

很多家庭不同程度上娇生惯养孩子，导致孩子们在面对问题以及困难上，处理能力大大缩减，甚至有些孩子被家长说一句都接受不了。

不想让孩子受苦，总将最好的、最特别的留给孩子，有的家长甚至还想方设法地满足孩子各种要求，这会慢慢地让孩子心理产生扭曲，不断地提要求。

妈妈对孩子的爱一定是无微不至的，但如果妈妈对孩子过于照顾、保护，倾注给孩子的爱抚程度已超过一般限度，孩子很容易表现出依恋性强、骄纵、缺乏独立性等表现。

溺爱是过度关注、宠爱和保护孩子，以至于使孩子缺乏自我成长和发展的机会。溺爱表现为父母过度地满足孩子的需求，包括物质需求、情感需求和精神需求。

【给妈妈的建议】

学会向孩子说"不"，并坚决执行，是妈妈要努力的方向。拒绝不一定会产生坏的结果，但是不断地满足和迎合孩子，一定会将他们推向痛苦的深渊。

妈妈应该注重培养孩子的自我约束能力。可以通过适当的规定和限制来帮助孩子学会自我约束和自我控制。当然，在规定和限制的基础上，妈妈应该给孩子足够的自由和空间，让他们有机会自主决策和实践，以便更好地发展自我约束能力。

尊重孩子的个性和需求，不要过于干预孩子的决策和行为。当孩子犯错误或面临挫折时，妈妈应该给予适当的指导和支持，而不是过度保护和控制孩子。

溺爱并非简单地是为了满足孩子的需求，更多的是源自妈妈自身的懒惰、自我满足以及情感依赖。所以，为了孩子，请停止溺爱。

鼓励孩子承担责任

【心理解析】

英国心理学家维克多·弗兰克所说：每个人都被生命询问，而他只有用自己的生命才能回答此问题，只有以"负责"来答复生命。因此，"能够负责"是人类存在最重要的本质。

美国教育心理学家特里提出：在错误和失败的情况下，对自己进行否定的评价可能会对个人产生不良影响，而采取积极的态度，认为错误是一个学习和成长的机会，可以促进个人的成长和发展。这便是"特里法则"。

特里法则鼓励人们在错误和失败的情况下保持积极的态度。在这个过程中，人们可以寻找错误的原因，并从中吸取教训。这种积极的心态可以帮助人们克服挫折和困难，增强自信心和自尊心，从而更好地适应社会和生活。

心理学上有个词叫做"受害者心理"，认为自己处处遭遇不公平，而且根本无力控制，总觉得每个人对自己都不好。有些孩子经常会推卸责任、习惯了找别人帮忙，这都可能是"受害者心理"的原因。孩子认为自己本身就很弱，你们帮我是应该的，不帮我就是不对的，我不需要承担什么。

【给妈妈的建议】

妈妈可以通过鼓励孩子在错误和失败的情况下保持积极的态度，以及在错误中寻找新的机会和挑战来培养孩子的积极心态。

妈妈应该给孩子足够的自由，让他们自己解决问题，从中学习，这样他们会更积极地承担责任。

鼓励孩子主动承担一些家务或学业上的责任，让他们感受到成长的喜悦。当孩子自己决定承担某项任务，并得到妈妈的认可和支持时，他们会更加珍惜责任感，主动履行自己的责任。

妈妈应该抓住生活中的点滴事情，无论这些事情的结果是好是坏。

只要是孩子独立行为的结果，就应该引导并鼓励他们勇于承担责任。

给孩子充分的信任

【心理解析】

孩子越小，越容易建立信任感。根据心理学家埃里克森的"人格发展理论"，0~3岁是建立孩子信任感的重要阶段。

帮妈妈分担

在孩子的心里，妈妈越是信任他，他越会觉得自己是小大人，越愿意像大人一样承担责任。

> 我喜欢白色的。
> 白色不耐脏，还是深色好。
> 好吧！那听你的。

据研究，那些不被信任的孩子反而会对生活丧失乐趣，因为他们总是被父母无限制地监督，使得孩子从一开始就丧失了自主权。

> 我要白色。
> 白色容易脏，脏了，你自己洗哦。
> 妈妈，我会小心穿的。

作为母亲，要给予孩子充足的信任，让他们感受到母亲的爱，有了母亲的信任，孩子才能更自信勇敢地去面对生活中的起起伏伏。

【给妈妈的建议】

不轻易向孩子许下承诺，因为一旦兑现不了，孩子便会对你失去信

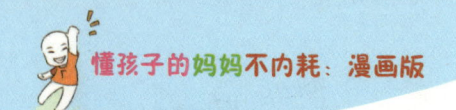

任,以后再想赢得孩子的信任,就会更困难。

　　给孩子一个有信任感的人设,直接把他放到你所期许的那个位置上去。孩子可能不会马上做出改变,但其实他们是听进去了的,不必急于一时,多几次,就会出现变化,这便是"罗森塔尔效应"。

　　对于孩子的错误或失败,在教育批评之余,最重要的是要让孩子感受到妈妈的信任,让孩子知道你相信他能够解决问题,获得成功。

　　建立一个基于信任的亲子关系是培养孩子责任感的关键。妈妈应该展现出对孩子能力的信任,当任务交给孩子时,表现出相信他们能够自行解决问题。这种信任会激发孩子的自信心和责任感,让他们更加积极地承担任务。

第六章
自强自信：不要精神内耗，"心"强则自强

心理专家认为真正有自信的人，能自我反省，充分发挥自己的优点，而且承认自己的错误，心口如一，因此容易赢得别人的信任。

接受并承认孩子的不良情绪

【心理解析】

孩子在成长中难免会出现哭闹，情绪爆发甚至崩溃的时候。实际上，无论处于哪个年龄段，无论是孩子还是成人，都有表达情绪的需要。情绪是人们对客观事物与主体需要是否满足之间的一种主观的态度体验。

根据精神分析理论，负面情绪如果没有得到合理的转化，会被个体压抑到无意识中，从而影响到孩子的心理健康和人格发展。比如，有些孩子长期处于自卑、抑郁、焦虑等负面情绪中，就容易出现社交回避的行为。有的孩子长期处于愤怒的负面情绪中，在人际交往中就容易与他人发生争执，出现攻击行为。

有相当一部分家长在面对孩子的负面情绪时，通常会显得暴躁，采用"暴力"手段去阻止，比如当孩子哭泣时、情绪低落不愿意与家长沟通时等，家长会大声呵斥甚至责骂去纠正，尽管这种方法有时候很有效，但会严重影响孩子的自信心，尤其是在公众场合，会让孩子内向情绪更加低落。

妈妈要用开放的态度来接纳孩子的负面情绪。要意识到情绪没有好坏之分，无论是正面情绪还是负面情绪，都是孩子的真实体验和感受，需要被我们看到并接纳。

【给妈妈的建议】

对于孩子的负面情绪，我们要给予及时的积极关注，耐心陪伴并加以引导，尝试用准确的情绪词汇来反馈出孩子此刻的体验和感受，让孩子感受到即便是负面情绪也是可以表达的，也是被允许表达的，这会让孩子能够正确地看待及面对自己的情绪。

妈妈可以尝试蹲下与孩子保持在同一个高度，这样的方式让孩子感受到被尊重，也可以尝试说出孩子此刻的感受。用共情的方法引导孩子理解负面情绪。

引导孩子以合适的方式宣泄自己的负面情绪。如鼓励孩子任意涂鸦，把不满的情绪画出来，帮助孩子把生气的情绪具体化，尝试用不同的方式来体验和感受情绪，并用合适的方式宣泄情绪。

等孩子把负面情绪表达出来以后，会处于一个相对平静的状态。这个时候，妈妈可以帮助孩子学会应对和处理这些情绪。尝试心平气和地和孩子沟通交流，及时地反馈孩子的情绪后果，了解孩子情绪产生的原因，以多听少说的原则给孩子机会表达，充分地了解孩子的想法，与孩子一起分析和探讨负面情绪背后隐藏的问题，带领孩子寻找解决办法。

用同理心回应孩子的情绪

【心理解析】

美国心理学家杰拉尔德·库彻说："同理心决定着心智能力的表现，也决定了人生的走向与成就，所以同理心是重要的生存能力之一。"

随着社会的发展，孩子们面临的竞争越来越激烈，学习压力也越来越大。这些因素可能导致一些孩子出现"玻璃心"现象，容易受外界负面情绪的影响而产生情绪波动。

家长往往习惯用自己的情绪和想法来代替孩子的情绪与想法，这是不正确的。家长应该尽量站在孩子的角度理解他的想法与意图，理解他情绪背后的原因。共心、共情地理解孩子的情绪。

想要进入孩子的内心，家长必须真正地参与到孩子的世界。要积极地向孩子表达接纳，接纳他外在行为背后的愿望、感觉和视角。

【给妈妈的建议】

放下自己的感觉，放下大人的身份，去想想当年自己小的时候是如何看待大人、如何看待这个世界的。或许家长就能明白，能对孩子多一分理解与包容。

引导孩子让他们学会情感交流，这对他们的情绪管理有极大的帮助。其实，这就是心灵的陪伴，而心灵的陪伴胜过外表的陪伴，这样的陪伴能让孩子对我们产生完全的信任。

与孩子沟通时，可多问一些开放式的问题，这样可以让我们与孩子的对话持续，让孩子感受到被尊重，促使孩子愿意说出自己情绪的真实感受。

妈妈切忌不要先入为主，对于孩子的情绪或行为保持开放的态度，不要太快下判断，认为对错，如果一开始就坠入批评与判断的深渊，同理心的力量也就无法展现，与孩子的沟通也会陷入死角。

让孩子自己面对挑战

【心理解析】

温室里的花朵永远经受不住烈日的考验，只有经过风吹雨打，才能不惧严寒酷热，盛开出美丽的花朵，孩子的成长亦是如此。

心理学上"鲶鱼效应"告诉我们，只有在危险、挫折逼近之下才会唤起沙丁鱼的生存意识和竞争求胜心。所以，妈妈要舍得放手让孩子独自面对挑战。

挑战是孩子成长过程中不可避免的一部分，它有助于培养孩子的逆境应对能力、自信心以及解决问题的能力。父母和教育者要告诉孩子，挑战并非是失败的代名词，而是成长的机会。同时教导孩子要学会从挑战中汲取经验教训，不断成长和进步。

美国作家约翰·卡迪森曾经说："挑战是一个人由失败走向成功的必要条件，是一种魅力精神的载体。"孩子的成长不但需要鼓励，也需要一定的挑战。

【给妈妈的建议】

行为生物学家郝斯娜柏在她的作品《如何建立孩子的自信》中说道，在孩子遇到挑战时，我们先提醒危险所在，然后提供解决方法，只在孩子的行为太过冒险时才插手介入。把决定权留给孩子，会让他更有自信、更安全地适应变动的世界。

积极的心态是孩子面对挑战的关键。妈妈可以通过表扬、鼓励和积极心理暗示等方式，帮助孩子培养积极的心态。例如，当孩子面临困难时，及时给予关注和支持，并鼓励他们说出自己的想法和感受，从而让孩子感受到被理解和被支持的情感，建立积极的心态。

但所谓的挑战并非意味妈妈强加给孩子新的挑战，揠苗助长只会埋没真正的兴趣。郝斯娜柏劝告父母不要急躁，不要硬把孩子往某个方向拉扯，要有耐性和注意孩子的反应。

我们不要以自己的期望增加孩子的负担，要对孩子自我发展能力充分地信任，当孩子能感受到这份信任时，就更有自信，更有勇气面对挑战。

父母应设定明确底线

【心理解析】

为进一步避免妈妈与孩子之间的矛盾，使得孩子的自信心能够健康地发展，妈妈应该在早期为孩子的行为举止划定明确的界限，什么该做，什么不该做，即规矩。

妈妈设定清楚的行为界限，同时也传递了社会的规范和法令。在家庭中的约定愈清楚、愈可预期，孩子日后进入幼儿园、学校、职场，就愈有自信和他人相处。

孩子习惯界限后，在以后的成长过程中，他会因为想多了解、积极参与，而主动去找界限、结果、原因，这种透过体验得来的"理解"，不但提供安全感，也能保护孩子对抗无助感。

德国立科堡的教育顾问柏华格表示，孩子需要"定出界限"的妈妈，他需要知道大人眼中什么是好的，什么是不好的，底线到哪里。

【给妈妈的建议】

妈妈所设定的"界限"要具体简明且清晰，前后一致，这样才能帮助孩子适应他周边的环境，为孩子提供一种"有些规定永远必须遵守"的安全感。

当孩子走出"界限"时，妈妈没有必要通过体罚或责骂的方式进行纠正，只需严肃并坚定地说出"不可以"，而后进行解释就已足够。对于年龄较小不能理解的孩子，直接抱走，必要时每天重复，孩子便会明白那件事情是不能做的。

设定界限并一以贯之，这是对妈妈本身性格、理念、自信的一大考验。当然，在执行的过程中妈妈要懂得收与放，容许孩子在一定的范围内犯错，如果妈妈连一点小事都不让步，也会陷入另一种极端。

"规矩"虽然没有标准答案，但如果妈妈愈有自信，面对孩子就能愈清楚、明确。同样，孩子在成长过程中也会更加自信。

保护孩子的自尊

【心理解析】

自信不仅代表深信自己能充分发挥，对自己的成就感到满意，同时也需要被周遭的人接纳，希望别人尊重和肯定自己的成就。当一个人的自我观感和别人对他的印象没有冲突时，自信就会油然而生。

教育家苏霍姆林斯基说，儿童的尊严是人类心灵最敏感的角落，保护儿童的自尊心就是保护儿童的潜在力量。

自尊心是孩子成长的精神支柱，是孩子向善的基石，也是自我发展的内在动力。凡是人都有自尊心，不要认为孩子小，就能不尊重他们。

培养孩子的自信心，家长应注意保护孩子的自尊。育儿专家说，多赞许，少责备，有助于提高孩子的自尊心，因为有高度自尊心的孩子，对自己所从事的活动充满信心，而缺乏自尊心的孩子，不愿参加集体活动，认为没人爱他，缺乏自信。

【给妈妈的建议】

孩子越小，心灵越不设防，越容易受伤害。妈妈需要给予留意呵护。例如：多关心孩子内心的冷暖；多给他一些微笑和关怀的眼神；多给他一些理解和支持；常拥抱他，并说："孩子，妈妈爱你。"

妈妈不要只在孩子取得成绩的时候笑逐颜开，而在他成绩退步的时候生气，让孩子感觉你爱的不是他，而是他的成绩，这样会让孩子对自己产生怀疑。如果妈妈长期对孩子有难以达成的过高要求，甚至可能会让孩子产生"习得性无助行为"。

当孩子出现不良情绪时，不要在其他人面前取笑、训斥、指责孩子，不要当着别人的面唠叨孩子以前说过的话或做过的事，使他感到难堪。这样做会严重打击孩子的自信心，伤害孩子的自尊心。

不要随意给孩子贴标签。比如有些妈妈在朋友面前遇到孩子不主动打招呼时，为了挽回面子会向熟人说："这孩子比较内向"，这种解释看似合理，但长此以往却会影响孩子的性格，使得孩子变得内向、害羞，更加不好意思与他人打招呼。

第七章
激发创新：从好奇心开始 激发孩子动能

美国心理学家的研究得出，创造力和宝宝的智力水平有关，又不是绝对相关。有很多孩子智力高，但创造力一般。也有些娃智力并不那么优秀，但是创造力很强。创造力也并不是天生注定的，可以靠后天的培养来提高。

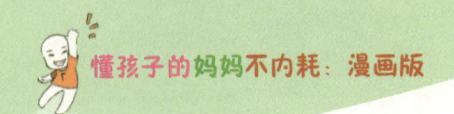

好奇心就是创造力

【心理解析】

好奇心理是一种人们对未知、新奇或挑战的事物产生浓厚兴趣的心理现象。它是人类探索和认知世界的重要动力之一。

第七章 激发创新：从好奇心开始激发孩子动能

好奇心的本质是自我驱动力，是一种朴素的求知欲和源自自身热爱的内驱力的结合。拥有好奇心的人善于提出问题、解决问题，而且提出问题比解决问题更彰显好奇心。

好奇心可以培养出创造性人才，创造性人才需要的是源源不断的灵感，而好奇心会激起个体的探索欲望，刺激灵感的形成。此外，好奇心还可以保护大脑，使思维活跃，对大脑健康有莫大好处。

积木电脑

探索精神是创新的基础，而孩子天生就有这种好奇心和探索欲望。因此，在培养孩子的创新能力时，我们应该注重培养他们的探索精神。

【给妈妈的建议】

孩子的好奇心是天性，所以在培养好奇心的时候，一定要保持孩子本色，让他们保持童真，才会一直充满好奇心。

很多家长被孩子问多了容易不耐烦，并且觉得小孩子知道那么多也没用，所以就会制止孩子继续问下去，但这样次数多了以后，孩子的好奇心也会逐渐降低，甚至消失。

好奇心可以被抹杀也可以被增强。用启发性的交流不仅会让亲子沟通更加顺畅，还可以引导孩子思考，让孩子参与解决问题，从而使得他独立思考和解决问题的能力大幅提升。

通过让孩子接触各种新事物、新玩具，或者带孩子去户外探险等方式，激发他们的好奇心和探索欲望，培养他们的观察、思考和解决问题的能力。

爱拆东西的孩子

【心理解析】

爱拆东西的孩子可能对事物的内部结构和功能感到好奇，想要通过拆卸和探究来满足自己的好奇心和求知欲。这是一种正常的表现，说明孩子正在积极地探索和了解周围的世界。

通过拆卸和探索，孩子可以更好地了解事物的本质和运作原理，从而加深对世界的认识和理解。

爱拆东西的孩子可以有效促进其动手能力和创造力，为他们未来的学习和创新打下基础。

当然，也有一些孩子拆东西是为了引起大人的注意或者发泄心中的不满，这是一种消极的行为，妈妈要正确识别，恰当处理。

【给妈妈的建议】

首先，妈妈要正确判断孩子拆东西是一种由于好奇心引发的正常生理、心理行为，还是一种情绪化的消极发泄行为。对于前者，妈妈要培养；对于后者，妈妈要疏导。

不管孩子爱拆东西是什么原因，妈妈都要注意引导和规范孩子的拆卸行为。确保孩子的安全和卫生，避免因为拆卸而造成伤害。

有些孩子年龄较小，没有秩序感和物品归属上的认识，可能会损坏他人的物品，所以，妈妈要教育孩子尊重他人的财产和权利，不要随意拆卸别人的物品。

总之，大多数孩子爱拆东西是一种探索行为，妈妈要适当地支持和指导，帮助他们更好地理解事物的结构和功能，并鼓励他们进行有益的探索和创新。

为某件事情痴迷

【心理解析】

有些孩子可能会几近偏执地沉溺于某种事物，对其他一切都不感兴趣，这种情况大多只是阶段性的问题，与孩子的年龄及所处的环境有很大关系。

有些孩子痴迷于某件事情也有可能是受到了家长有意无意的暗示。比如当孩子意识到自己在做某件事情时妈妈会特别关注，那么，不管这种关注是赏识还是其他，小孩子都会不断地去做，来满足自己的心理需求。

《疯狂成瘾者》的作者马克·刘易斯曾说："成瘾意味着对现实的转移和逃避。"这句话对年龄较大的孩子同样适用，因为不想学习而痴迷于游戏、网络，这是非常糟糕的事情，妈妈要格外重视。

有些孩子痴迷的事物并没有危害性，比如做手工、某项体育运动等，而有些父母却认为是不务正业，并进行所谓的"纠偏"，这种认识是错误的，因为你的阻止有可能会让这个世界少一位艺术家、运动员。

【给妈妈的建议】

孩子执迷常见而又没有危险的事物时，妈妈对孩子的行为要顺其自然，不要强加干涉。

孩子执迷于有益的事物，比如绘本、运动等，妈妈要客观看待，积极引导，尽可能提供较好的环境条件。

孩子痴迷有危险的事物，妈妈应毫不犹豫地制止孩子的行为，并且态度坚定地告诉孩子"不可以"，并有策略地让孩子意识到接触此类事物的危害性。

总之，妈妈要了解孩子因何喜欢某个事物，它有什么特别的地方，从中可以找到什么样的乐趣；站在孩子的立场去思考，理解他，在理解的基础上再尝试有效地对话，如此，孩子自然就会向我们敞开心扉。

兴趣引导，让孩子爱上学习

【心理解析】

兴趣爱好是指人们对某些事物或活动的喜爱和倾向，它是人们内在的一种心理状态，也是人们外在的一种行为表现。

兴趣是孩子认识世界、表达自我、实现价值的重要途径，它可以激发人们的情感、思维、创造等多方面的能力。

知识的来源是人类的好奇心，好奇心是学习的动力，而兴趣是最好的老师。让孩子对学习产生兴趣，要比任何教育方法都有效。

对于孩子来说，兴趣爱好更是他们成长和学习的重要推动力，它可以帮助他们建立自信、培养习惯、拓宽视野、增加知识等。

【给妈妈的建议】

有的孩子很早就找到了自己的兴趣，但是也有些孩子还没有找到自己感兴趣的事，对此，妈妈在孩子成长的过程中要多多引导。

了解孩子的兴趣是培养他们学习兴趣的第一步。每个孩子都有自己独特的兴趣爱好，有的喜欢阅读，有的喜欢音乐，有的喜欢运动。作为家长或教育者，我们应该耐心倾听孩子的心声，观察他们的行为举止，从中发现他们的潜在兴趣。

创造力是培养孩子学习兴趣的关键因素之一。我们应该鼓励孩子们尝试新的想法，培养他们的创造力。通过创造力的培养，让孩子更好地学习新知识，解决问题，并且体验到学习的乐趣。

鼓励孩子积极参与学习活动是培养他们学习兴趣的重要方式之一，当孩子感受到自己的努力得到认可和回报时，他们将更加愿意参与到学习中去。

不同的孩子有不同的学习方式，因此我们应该提供多样化的学习方式，以满足孩子们的需要，通过多样化的学习方式，让孩子更好地理解和掌握知识，并激发他们的学习兴趣。

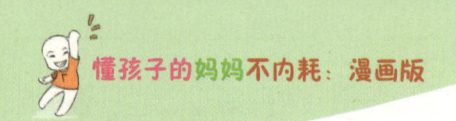

鼓励孩子自由探索

【心理解析】

孩子的世界充满了新奇,他们渴望理解这个充满未知的世界,于是他们开始提问题。这种强烈的好奇心存在于每个孩子的内心深处,它驱使着孩子们不断地去探索,去尝试,去理解这个世界的真实面貌。

动机心理学的研究者认为探索心理是人的一种内在驱动力,它激励

孩子去寻求新的体验和知识。

> 要抓紧时间回家画画。

让孩子在自然环境中自由探索，可以激发他们的创新思维和探究精神，有助于他们在未来不断追求学习和成长。

> 哇！世界真奇妙。

探索是打开知识大门的钥匙，它能让你更自由地了解世界的奥秘，更主动地去寻找和学习你感兴趣的知识和技能，而且会让你更加自信和有底气。

【给妈妈的建议】

允许孩子去探索，每一个阶段都有每个阶段的任务，比如小孩就喜欢玩水、踩水，妈妈可以把手放开，给孩子穿上雨衣和雨鞋避免孩子着凉，在安全的环境中，任孩子去探索水的玩法。

妈妈可以通过设问的方式，激发孩子的好奇心和探索欲望，当孩子提出问题，或者在处理问题上遇到困难时，妈妈不必立即提供答案和解决方案，而是向他们抛出更多的问题，鼓励他们自己去寻找答案。

通过参观博物馆、科学展览会等拓宽视野、增长知识，在体验中锻炼思考和分析问题的能力，这种方式既满足了孩子的好奇心，也促进了他们的亲身实践。

户外探险活动是一个很好地让孩子实践自我探索的机会。无论是海滩、森林还是山脉，自然环境都充满了探索的可能性，通过亲身接触大自然，可提升孩子探索事物的兴趣。

第八章
管理情绪：保持心的敞亮，不在茫然的情绪中费心耗神

让孩子具有较好的管理和表达情绪的能力是教育的重要部分，情感能力的提升有助于孩子情商、社交、自尊等方面的发展。

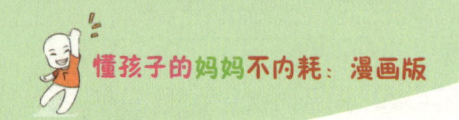

开心

【心理解析】

从心理学角度来看,开心是一种情绪体验。情绪是人类感知、体验和表达情感的心理过程。当我们经历愉悦的事情时,我们会感到开心、快乐和满足。这种情绪体验可以带来积极的影响,比如增强自信心、学习、运动、做家务更加积极等。

从发展心理学角度来看,开心是儿童正常成长的标志之一。在儿童的成长过程中,他们会经历许多愉快的事情,比如玩耍、学习、交友等。这些愉快的经历可以促进儿童的身心健康,增强自我认同感和自信心,有利于他们的全面发展。

从社会心理学角度来看,开心是一种社交情绪。社交情绪是人们在社会交往中体验到的情绪,它与社交互动密切相关。当我们感到开心时,我们会更愿意与他人分享这种情感,这样可以增强人际关系、建立更紧密的社交网络。

> 这是柿子,妈妈抱你把他摘下来。

> 哇哦!

> 自己摘下来的柿子有种不一样的感觉。

真正快乐的孩子,他们似乎真的没有多少烦恼,不会因为一点小事就抱怨不已。他们也很热爱生活,喜爱周边的一切,不会动不动就生气。

【给妈妈的建议】

好表情会引致好心情,坏表情会引致坏心情;反过来,好心情会制造更多的好表情,坏心情同理。

爱笑的妈妈一定会养出爱笑的孩子,笑的表情继而引发快乐的情绪。快乐其实是一种素质,不是所有人都能长期拥有的,而爱笑妈妈的孩子却能轻而易举地获得。

据调查,大多数孩子不愉快情绪的产生是妈妈对其生活习惯的不满,因此，避免这种消极情绪的产生，就应从小养成孩子良好的生活习惯。

妈妈和孩子之间要建立亲密的情感，妈妈只有了解孩子的这些心理需要，才能对孩子采取正确的教育，孩子也就会在爱的情感中产生积极愉快的情感。

易怒

【心理解析】

心理学研究发现，孩子愤怒的最大来源，是因为他们根深蒂固地认为自己没有人爱。他们认为没有人关心他们的情绪和需求，于是通过愤怒来试探父母的爱。

在现实生活中，父母的疏忽、缺乏沟通和理解，以及对孩子情绪的忽视，都使得孩子产生了被忽视或被孤立的感觉。

有时候，孩子的愤怒是因为恐惧。他们可能经历了某种可怕的经历，而愤怒是他们试图表达自己内心的脆弱和害怕。

> 我做错了别人嘲笑我怎么办啊！

有时候，孩子的愤怒是因为失落。他们可能因为某种期待没有达到而感到失望和沮丧。

> 这个世界没人爱我。

【给妈妈的建议】

当孩子愤怒的时候，妈妈不要一味打压，尽管妈妈的打压和斥责可以起到一定的震慑作用，但长期下来，孩子会越来越频繁地出现愤怒情绪，并且无法控制。

妈妈要尽可能地去了解孩子愤怒的情绪，否则，会使得孩子觉得自

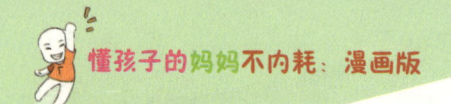

己的世界没有人懂，导致亲子关系逐渐疏远。随着孩子的年龄增长，他们可能会不再与父母深入沟通。

孩子的愤怒情绪往往源于情感的压抑和不顺畅。我们可以通过与他们建立亲密联系，给予他们足够的关心和爱，让他们感受到妈妈对他的支持和理解。

虽然我们要理解孩子的愤怒情绪，但并不意味着我们要放任他们的不当行为。作为妈妈，我们需要设立明确的界限和规则，让孩子明白什么是可以接受的，什么是不可以接受的。

焦虑

【心理解析】

大多数家长普遍存在一个错误认知，认为小孩子的情绪"来得快，去得也快"，即使孩子出现焦虑的情绪，家长们也不会太过在意。殊不知，孩子自记事起，就已经产生自我意识，如果长期处于焦虑的情绪中，可能会产生自卑、抑郁的心理。

> 我们是最好的朋友！

> 没什么可以打倒我！

在心理学家看来，当孩子出现强迫行为或者思维时，家长就要引起重视了。比如孩子开始变得反复洗手、反复关门、反复确认书包里书籍等行为，这些不自信的行为，说明孩子已经开始变得有些焦虑。

感觉被孤立

以往在家长眼中性格乖巧的孩子，突然性格变得暴躁，也很可能是

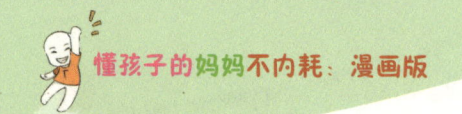

出现了焦虑情绪。比如对于家长的批评表现出极大的不耐烦，甚至跟家长对着干，出现逃课等行为，说明孩子内心非常焦虑。

心理学家认为，当孩子对任何事情都失去兴趣时，很大一个可能就是出现了焦虑情绪。比如以往喜欢外出运动的孩子，突然不再喜欢出门；以往喜欢与人交流的孩子，突然变得沉默寡言，这些表现都是出现焦虑的信号，家长一定要引起重视。

【给妈妈的建议】

妈妈要反思孩子出现焦虑情绪的诱因是什么，是否自己在教育孩子的过程中过于严格，是否自己误会过孩子等，只有先找到引起孩子焦虑的原因，才可以针对性地引导孩子摆脱焦虑情绪。

妈妈要教会孩子正确控制焦虑的情绪，让孩子明白焦虑情绪的出现是很正常的，我们要做的就是正确控制它。

比尼拿说："焦躁的孩子往往会问很多问题。并且一旦他们的问题得到回答，他们只会有更多的问题。不要试着回答他们所有的问题，试着用一种敏感的方式把问题问回去。"

委屈

【心理解析】

从心理角度讲,委屈,是一种说不出来的痛,因为说不出来,而愈加地让人感到憋屈、难过。委屈既是一种情绪,也是一种行为。

孩子是敏感和脆弱的,他们非常在乎身边的人,比如父母、老师、伙伴对自己的评价。很多时候,一句无足轻重的话语或者在做事时受到一点挫折,便会使他们感觉受到莫大的委屈。

当父母没有满足小孩子的需要时,小孩子就会委屈,认为自己不够

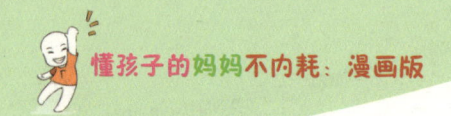

好，自己没有资格得到爱。

长期积累着委屈情绪的孩子，会容易陷入一种受害者的幻想中，抗拒长大和负责，遇事容易放弃、逃离，或者积压在心中形成抑郁情绪。

【给妈妈的建议】

当孩子遇到委屈时，他们可能会感到悲伤、愤怒或困惑。这时，妈妈首要的任务是成为一个倾听者。通过倾听，孩子会感到自己的感受被重视，这对于他们的情绪恢复非常重要。

有时，孩子可能不知道如何表达自己的情绪，或者害怕表达出来。

妈妈可以鼓励孩子通过绘画、写日记或角色扮演等方式来表达自己的感受。这些活动可以帮助孩子在安全的环境中释放情绪，并且有助于妈妈更好地理解孩子的心理状态。

教会孩子如何应对困难情绪。当孩子委屈时，引导孩子释放自己的情绪，引导孩子找出存在的问题，帮助孩子解决问题，让孩子心中的委屈消失。

紧张

【心理解析】

有的孩子一遇到事情，第一个反应就是立刻躲到妈妈的身后，即便是没有遇到危险，只是遇到一个陌生人和妈妈打招呼的时候，也会紧紧攥着妈妈的衣角不松手。这种紧张的情绪甚至会影响到孩子与同学之间的社交和平时的自我展现。

有的孩子在上台表演或者上课回答老师的问题时，因为过度紧张，时常导致出错，使得说出来的话和原本自己想表达的意思相去甚远，有时甚至会受到他人的嘲笑，从而失去自信心。

孩子遇到考试紧张是正常的，但过度紧张就会影响到个人的发挥，越紧张常常越想不出来，使之成绩最终的结果不尽人意。越是大考，这样的紧张情绪就会越严重，容易导致成绩失利。

适当的紧张，并不是坏事，它能促使我们重视问题，并且集中注意力。但过于紧张，却容易让我们发挥失常。尤其是孩子，在人生中会面临大大小小的考试，以后工作也会遇到很多挑战，若容易紧张，可能会失去一些机会。

【给妈妈的建议】

想要孩子不容易紧张，遇到事情，我们自己要首先保持镇定。不然，我们的情绪就会传染给孩子，让他久久无法从焦虑的情绪中走出来。

学会自我调节：深深地吸气，然后再用吸气2倍多的时间来呼气。比如鼻子吸气5秒，就用嘴呼气10～15秒。

很多孩子过于紧张，是因为把自己的目标放在未完成事情的进度上，总是想着自己还有多少事情没有完成，从而越发紧张，越失误。妈妈在日常的生活中应该引导孩子树立参与的意识，体验过程的重要性，让孩子学会享受事情的完成过程和经历。

当孩子犯了原则性问题时，要十分严厉地让孩子认识到问题的严重性。当孩子的错误无伤大雅，可以谅解的时候，妈妈悉心引导，采用温和的教育方式。总之，对待孩子的教育，既要严格，也要温和，一张一弛才能更好地引导孩子。

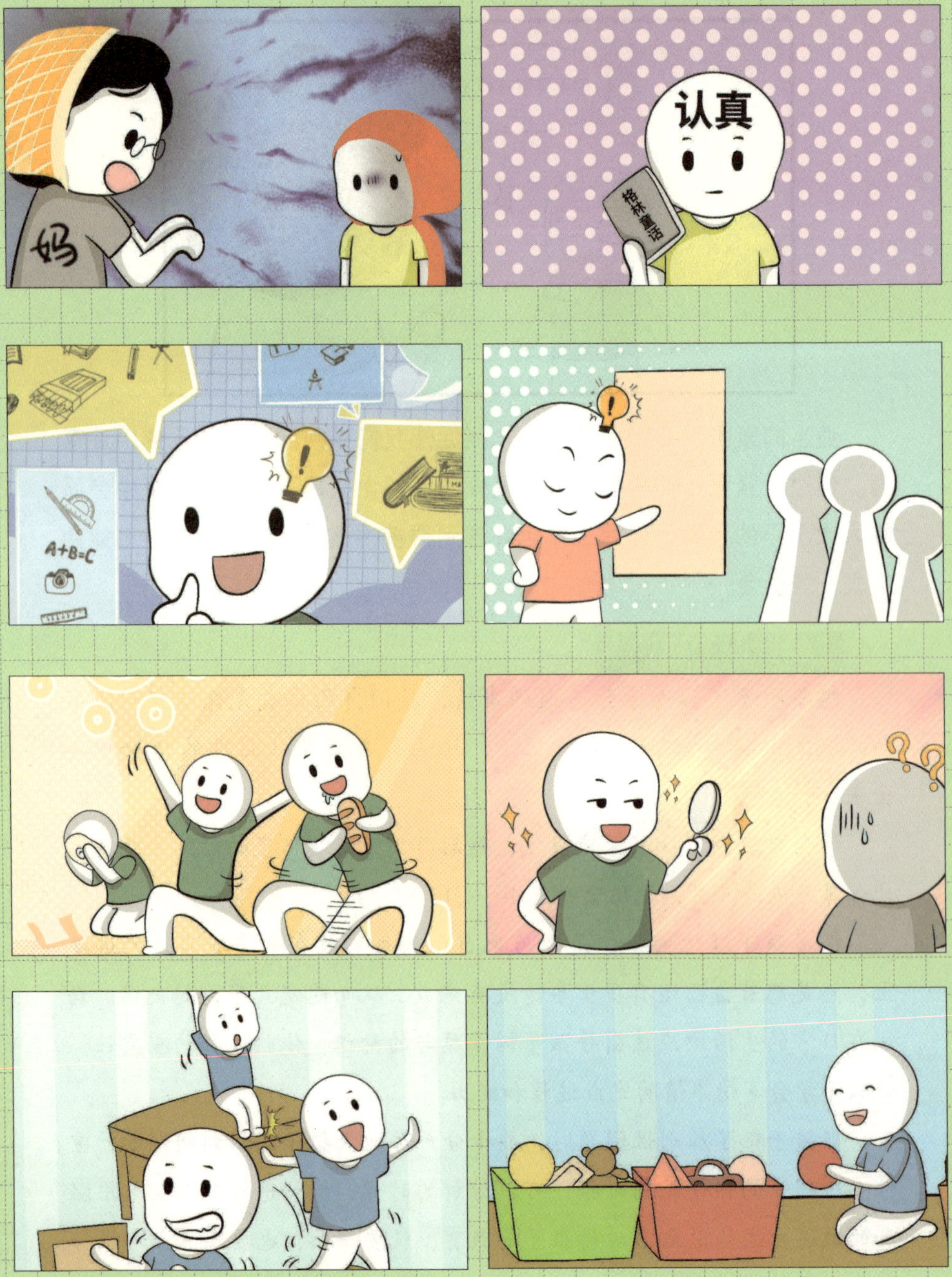
妈
认真
格林童话
A+B=C

第九章
培植感恩：感恩起于感受，源于真情

感恩是一种美德，是对他人的尊重和回馈。懂得感恩的孩子，便懂得了珍惜、孝道和爱，这些是他们成长道路上的重要基石。

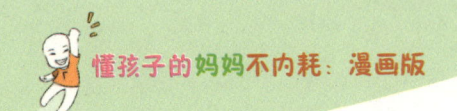

言传身教胜于说教

【心理解析】

父母在孩子心中的影响是深远且持久的。父母不仅是孩子的第一任老师和引导者,还是他们情感、认知和社会发展的重要影响者。

俗话说:"龙生龙凤生凤,老鼠的儿子会打洞",父母在孩子面前表现什么样,孩子就会潜移默化地变成什么样。

【给妈妈的建议】

父母是孩子生活过程中的一面镜子。大人要孝敬长辈,做孩子的榜样,抽时间带着孩子探望长辈,让孩子感悟养育之恩。

第九章 培植感恩：感恩起于感受，源于真情

父母要怀有一颗感恩的心，对曾经帮助过自己的人要充满感激，这样孩子才会愿意接受感恩的家庭教育。

从身边的小事做起，当你受到帮助时，无论是来自家人、朋友还是陌生人，都要表达感谢。让孩子看到你真诚地感谢他人，并解释为什么这样做很重要。如果你的孩子在接受每一份帮助时都懂得及时说声"谢谢"；懂得关爱、感恩家人和朋友，那么，孩子已经拥有了一颗感恩的心。

当孩子表现出感恩的行为时，给予他们积极的反馈和奖励，以增强他们的正面行为。鼓励孩子看到问题的积极面，并感激生活中的挑战和困难所带来的成长机会。

培养孩子的同理心

【心理解析】

同理心最早由人本主义大师卡尔·罗杰斯于1951年提出。它的基本意思是说，一个人要想真正了解别人，就要学会站在别人的角度来看问题，也就是人们在日常生活中经常提到的设身处地、将心比心的做法。

同理心是人类本有的天赋能力，他能让我们的人生更有意义，促进了我们与他人的连接，是建立爱心关系的核心。

第九章 培植感恩：感恩起于感受，源于真情

正确地使用同理心，不仅有助于提升孩子的感恩之心，更能够解决人际关系中产生的很多矛盾，为此，培养同理心在孩子的成长中至关重要。

如果孩子能够用同理心看待妈妈对自己的言行举止，那么，他就能够一定程度地理解妈妈的良苦用心，对妈妈的感恩之心就会萌生增加。

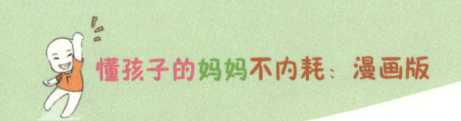

【给妈妈的建议】

同理心对孩子未来的人际关系、社会竞争力，甚至幸福感都有特别重要的影响。因此，绝不应该忽略孩子同理心的发展。

芝加哥大学的心理学家利用核磁共振的扫描仪器发现，孩子在7~12岁的时候，基本具有非常完善的同理能力，能感受别人的痛苦和快乐。当小朋友看到有人在伤害另外一个人的时候，他们的大脑镜像神经元会活跃起来。这些镜像神经元与人类大脑里参与道德判断的脑区会一起被激活。所以人的道德之心、恻隐之心，跟同理心有很大的关系。

心理学家建议，当孩子做错事时，最有效的训诫方法是和孩子讨论他所犯的错误，在讨论中指出他的行为对别人造成的影响。比如说孩子在外面跟其他小朋友打架，很多妈妈第一反应是训斥，一味地指责容易让孩子产生委屈甚至逆反的心理。

除了引导孩子讨论过去发生的行为，我们也可以用讲道理的方式激发孩子的同理心，对孩子未来的道德行为施加影响。一步一步鼓励孩子换位思考，激发他们的分享与奉献意识，从而提高他们的同理心。

从物质教育入手

【心理解析】

物质是伴随孩子成长、成熟不可或缺的东西，物质有好有坏，为此，往往会激发孩子的攀比心理。从物质教育入手，适当的物质教育可以作为一个辅助手段，帮助孩子珍惜他们所拥有的，理解他们未曾拥有的，从而培养他们的感恩心理。

孩子对物质的需求心理是无边际的，尤其是幼儿或者较强攀比心的孩子，在他们的心里，总想拥有最好的或者和别人一样乃至比别人更高级的东西。

懂孩子的妈妈不内耗：漫画版

> 哇！好羡慕，能让我看看嘛？
>
> 这可是我爸从国外带给我的。

满足于孩子的物质要求体现了妈妈深深的爱，但过度的物质满足会让孩子产生虚荣心、攀比心以及浪费资源。

> 我也要国外的篮球！

【给妈妈的建议】

对于孩子的物质满足我们要根据自己的家庭条件而定，让孩子感受到真实的生活水平，建立孩子正确的价值观。

不要给孩子一切他想要的东西，这样很容易养成幼儿过度的自我中心的心理，不能对孩子百依百顺，娇生惯养、姑息迁就很容易造成攀比惯性，不利于幼儿心理健康的发育。

不要过度满足孩子的物质需求，让他们学会珍惜和感恩所得到的一切。当孩子想要某个物品时，可以让他们解释为什么需要它，并考虑是否真的有必要购买。这样可以让孩子学会权衡和珍惜自己的需求。

带孩子一起购物，并让他们参与选择过程。让他们意识到购物是一个需要慎重考虑和做出决策的过程，而不仅仅是满足欲望的行为。这可以帮助他们学会感恩和珍惜所购买的物品。

与孩子讨论物品的价值，并教育他们物质不是最重要的，而是物品所能带来的用途和意义。让他们明白，即使是简单的物品，只要用得恰当，也能带来很多快乐和满足。

鼓励孩子将不再需要的物品捐赠给需要的人或组织，或者与朋友分享。这可以帮助他们意识到自己所拥有的物品并不是无限的，而且能够帮助他人是一种美好的行为。

认知亲情

【心理解析】

家庭是各种情感的基础点，也是各种情感的归宿处，那里是孩子感受情感温暖的第一个地方，也是他们感情的依托，因此，教育培养孩子懂得亲情是非常重要的。

在孩子的早期阶段，他们对亲情的认知主要是基于与主要照顾者的互动体验。孩子通过与父母的亲密接触、情感交流和日常照顾，逐渐建立起对亲情的初步认知。他们开始意识到家庭成员之间的情感联系和相互依赖，并学会通过表情、声音和动作来表达自己的情感和需求。

随着孩子年龄的增长，他们对亲情的认知逐渐深化。他们开始理解到亲情不仅仅是表面上的亲密和照顾，更是一种深厚的情感纽带和相互支持。他们意识到家庭成员之间的共同经历、价值观和目标，以及彼此之间的责任和义务。这种认知促使孩子更加珍惜和尊重家庭关系，愿意为家庭的和谐和幸福做出努力。

第九章 培植感恩：感恩起于感受，源于真情

孩子对亲情的认知也受到外部环境和社会文化的影响。家庭环境、父母的教育方式、社交圈子等都会对孩子的亲情认知产生影响。积极的家庭环境和父母的教育方式可以促进孩子对亲情的正面认知，而消极的环境和方式则可能导致孩子对亲情产生困惑或疏离感。

【给妈妈的建议】

组织定期的家庭活动，如共进晚餐、户外郊游、庆祝特殊节日等，以增进家庭成员之间的互动和联系，这些活动有助于加强孩子与家人之间的情感纽带。

鼓励家庭成员之间积极倾听和沟通。妈妈应该花时间倾听孩子的想法、感受和困惑，给予他们支持和建议。同时，也要教导孩子尊重并倾听家人的意见和感受。

通过言语、肢体动作和小细节，向孩子表达你对他们的爱和关心。例

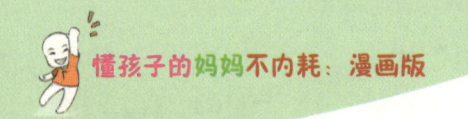

如，给予孩子拥抱、亲吻、鼓励和赞美，让他们感受到家庭的温暖和支持。

告诉孩子要懂得尊卑有序，对于家庭成员中的长辈要有礼貌，要尊重，在家庭生活中，强调家庭成员之间的次序和尊重。让孩子明白每个家庭成员都有自己的角色和责任，应该相互尊重和支持。

榜样的力量

【心理解析】

榜样可以为孩子提供明确的目标和期望。孩子通过观察榜样，了解到哪些行为是值得模仿和学习的，从而明确自己的发展方向和目标。

榜样可以激发孩子的积极性和动力。孩子看到榜样取得的成功和成就，会产生向往和追求的心理，进而激发自己的积极性和动力。

第九章 培植感恩：感恩起于感受，源于真情

榜样可以帮助孩子形成正确的价值观和行为习惯。孩子通过观察和学习榜样的行为和价值观，逐渐形成自己的价值观和行为习惯，从而塑造良好的人格和品质。

（上图）
妈，我给你洗脚。
好！真孝顺！谢谢女儿。

（下图）
妈妈，我给你洗脚。
真乖！谢谢宝贝。

【给妈妈的建议】

为孩子树立榜样，选择的榜样要具有可信度和可亲性。孩子对榜样的认同和接受程度往往取决于他们与榜样的亲近程度和信任度。因此，选择的榜样应该是孩子熟悉和信任的人，或者是社会上广泛认可的优秀人物。

妈妈要以身作则，你的言行对孩子的影响是深远的。展示感恩的行为，如感谢家人的付出，对帮助过你的人表示感谢等，让孩子看到感恩的实际表现。

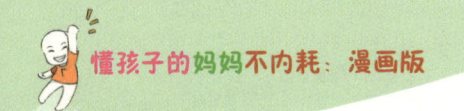

妈妈要注重榜样的行为示范和引导作用。孩子通过观察和学习榜样的行为来形成自己的心理和行为模式，因此榜样的行为应该具有示范和引导的作用，能够激发孩子的积极性和动力。

要注意榜样的时效性和适应性。孩子的成长和发展是一个不断变化的过程，榜样也应该随着孩子的成长而不断调整和更新，以适应孩子的需要和发展。

故事引导，通过分享感恩的故事，树立虚拟的榜样，让他们从故事中学习到感恩的重要性。

第十章
提升能力：拒绝内耗，适当放手是一种高级的爱

培养孩子各方面的能力是父母的重要责任之一，孩子的能力越强，他们就越有主见，自理能力就越强，这能够让他们更加有效地处理各种问题，也能够更好地实现自己的价值。

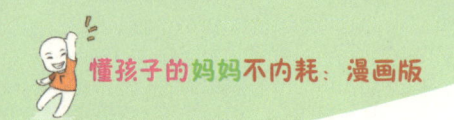

鼓励孩子做一些力所能及的事情

【心理解析】

儿童心理学研究表明：幼儿期心理活动的主动性明显增加，喜欢自己去尝试体验。父母可以因势利导，把握孩子这个时期的心理特点，在保证孩子安全的前提下，放手让孩子去做力所能及的事情。

在当代，由于一些家长过分地包办代替，长此以往，导致孩子懒于动手动脑，不愿独立思考，动手能力越来越弱。

我们要把孩子培养成为终生运动者、责任担当者、问题解决者和优雅生活者，让他不仅要有渊博的知识，更应热爱劳动，具有一定的动手能力。

当儿童习惯于做力所能及的事情时，他们会感到自己有能力独立完成一些工作，从而自信自立，不再依赖他人。

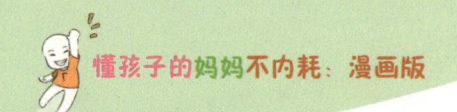

【给妈妈的建议】

在家里，妈妈可以鼓励孩子帮忙做一些力所能及的家务事，例如扫地、擦桌子或洗碗。妈妈可以把这些任务分解成简单易懂的步骤，让孩子能够理解和完成。

如果家里有小宠物，妈妈可以要求孩子帮忙喂食、换水和清理宠物的笼子。这样不仅能培养孩子的责任感和爱心，还可以让孩子学会爱护小动物。

给孩子提供一个榜样，例如大人、老师或兄弟姐妹等正面的榜样，可以帮助孩子学习做力所能及的事情。

鼓励和赞扬孩子做得好的方面，这样可以增强他们完成任务的信心和动力，建立他们的自信心。

离不开妈妈的孩子

【心理解析】

孩子在与父母长期密切的共同生活中，会对照顾他最多的人形成强烈的依恋。父母是他最亲近的人，有父母在身旁，他感到特别安全和幸福。而一旦父母离开，他就会感到缺乏安全感。

每个婴儿从出生的那天起，都会相对而言地对母亲产生一种习惯性的依赖。到 4~5 个月时，能对母亲有一种认识，而且渐渐地表现出对母亲的依恋。

孩子的分离焦虑将一直持续到孩子 2 岁到 2 岁半左右。与妈妈分开，孩子会产生分离焦虑。

【给妈妈的建议】

孩子对妈妈的依恋,在很大程度上是由于妈妈能满足他们生活的需要,如吃、喝、拉、撒。要从小让他们独立如厕,独立穿衣,独立吃饭,独立入睡等,培养孩子独立性,同时增强了孩子的信心,从而减轻孩子心理负担,使分离焦虑有所缓解。

妈妈要克服自身的焦虑情绪,因为妈妈的焦虑情绪会影响着孩子的情绪。该离开的时候要毅然离开,这也在一定程度上缓解孩子的分离焦虑。千万不可通过哄骗的方式试图让孩子满意。

孩子在小的时候由于好奇心,是非常愿意做家务活的,这个时候妈妈应放手让孩子去做,这样可锻炼孩子的动手能力。

培养孩子做事的条理性。可以督促孩子保持卧房的整洁,教会孩子整理房间,叠被子和自己的衣服,晚上睡觉前收拾好自己的东西,把玩具放在橱柜里等。整理玩具和衣物这些基本的动作,有益于锻炼孩子手眼协调的能力,同时培养孩子的自理能力。

自己的事情自己做

【心理解析】

很多妈妈往往出于疼爱孩子或者保护孩子的心理,替孩子包办一切,这样做看似是爱孩子,实际上却剥夺了孩子自我成长的机会。

让孩子从小就有"自己能做的事情自己做"的意识及能力，能增强孩子着手干事，克服困难的才能和决心，有助于培育孩子的独立意识。

自己的事情自己做，能够有效地培养孩子的责任感和自主性。当孩子对自己的事情负责，他们就会更加积极主动地处理问题，学会独立思

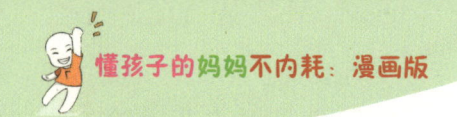

考和自主决策。这种自主性不仅可以提高孩子的自信心，还能够让他们更好地掌控自己的生活。

当孩子学会自己的事情自己做时，他们会感到自豪和满足。这种自信心的提高，会让他们更加勇敢地面对生活中的挑战。同时，这种自信也会促使孩子在其他方面表现出更加积极的态度，从而促进他们的全面发展。

【给妈妈的建议】

根据孩子的年龄，让他们做一些恰当的事情。如让三四岁的孩子学会自己吃饭、漱口、洗脸、穿脱衣服等，让五六岁的孩子学做一些简单的家务劳动，如擦桌椅、扫地、洗手帕等。

妈妈要让孩子自己面对问题，给他们自己解决问题的机会，从而学会独立解决问题。在日常的家庭生活中，孩子难免会有许多的错误，妈妈可以让孩子去体会错误的后果，然后让孩子提出解决问题的方法。

妈妈要多鼓励孩子表达自己的意愿，学会做出决定的方法。独立的行为其实只是独立意识的外在表现。就独立性而言，独立思考和分析才是独立能力的根本。当孩子习惯自己思考时，孩子的独立性就上升到了一个新的台阶，这也为孩子今后的独立发展奠定了最牢固的基石。

当然，即便孩子有的事情确实能够自己做了，偶尔对妈妈发出需要爱与关怀的请求时，妈妈一定要无条件地积极回应孩子，这不意味着溺爱，而是感受到孩子内心的需要，回应他的感受。

放手让孩子尝试

【心理解析】

对于妈妈来说，放手让孩子尝试通常伴随着一系列的情感波动。初次尝试时，妈妈可能会感到担忧、焦虑，甚至恐惧，担心孩子受伤或失败。

对于儿童来说，被允许尝试新事物是他们心理成长的关键环节。孩子天生具有好奇心和探索欲望，他们渴望通过自己的方式了解世界。当妈妈勇敢放手让孩子尝试时，孩子会感到被尊重、被信任，这会增强他们的自尊心和自信心。

在放手让孩子尝试的过程中，妈妈和孩子都需要学会适应和调整。妈妈需要逐步减少对孩子的控制，给予他们更多的自主权和决策权。同时，也要学会接受孩子可能会犯错误的事实，并鼓励他们从错误中学习。孩子则需要学会自我激励、自我管理和自我反思，逐步培养出独立思考和解决问题的能力。

勇敢放手让孩子尝试是一个对父母和孩子都有益的过程。通过这个过程，父母可以学会信任和支持孩子，帮助孩子建立起自主性和自信心。而孩子则可以通过尝试和错误来学习和成长，培养出坚韧不拔的品质和解决问题的能力。

【给妈妈的建议】

在放手让孩子尝试之前，妈妈需要确保孩子所处的环境是安全的。这包括提供必要的保护设备、监督孩子的行为以及及时纠正可能存在的危险。只有在安全的环境下，孩子才能更加自由地探索和学习。

当孩子表现出对新事物的好奇心和探索欲望时，妈妈应该给予积极地反馈和支持，让孩子感到被认可和鼓励。

当孩子尝试新事物时，他们可能会失败或犯错误。妈妈需要以开放和包容的心态来接受这些失败和错误，鼓励孩子从中学习和成长。同时，妈妈也可以和孩子一起分析失败和错误的原因，帮助他们更好地理解和解决问题。

放手让孩子尝试是一个渐进的过程。妈妈可以从简单的任务开始，逐渐增加难度和挑战性。这样可以让孩子逐步适应和增强自己的能力，同时也让妈妈逐步减少对孩子的控制。

在孩子面前"弱势"一点

【心理解析】

在孩子的心里,妈妈就是无所不能的人。适当"示弱"可以使亲子关系更亲密,更激发孩子的主观能动性。

嘿,老妈!今天我给你做顿饭怎么样?

哎哟!不错哟!

孩子在成长的历程中，如果他的情绪得不到妈妈情绪的包容，那么他就会要么变得谨小慎微，要么对抗性强，亲子关系难以顺畅。所以，妈妈在孩子面前要学会"示弱"。一个不会示弱的父母，往往会养成一个倔强的孩子。

一般妈妈越强势，孩子就会越没自信。强势的妈妈不允许孩子脱离预设的轨道，不允许孩子的意见与自己相左。孩子不能有自己的想法，久而久之，就变得自卑，没有主见。

懂得适当的"示弱",能够让孩子取得进步,认识到孩子的长处,向他们求助,可以培养他们的自信心。

【给妈妈的建议】

平日里,妈妈应该在自己身上体现出不足之处,不要给孩子一种过于完美的感觉。例如:"我也不行,请你帮忙",同时,向孩子求助也能让他们学会体谅他人。

如果妈妈希望孩子跑得更快,妈妈是一直在前面领跑好呢?还是在后面追着跑好呢?

可能有妈妈会说,肯定是在前面领跑啦,这样孩子就会追着来。当然不是,妈妈在领跑的同时,也要适当地追着跑。

有的妈妈非常聪明,比如在日常做家务活的时候,主动在孩子面前示弱,这样孩子往往会感觉自己能力非常突出,可以帮助妈妈排忧解难,因此会变得很有自信,而且也能激发孩子内心的责任感。

当然,凡事皆有利弊,妈妈在孩子面前示弱要有智慧,要知道孩子也很聪明,示弱可以,但不能过度,想要孩子会动手又会动脑,在适当示弱的同时还要学会引导与鼓励,鼓励孩子勇敢面对困境。

懂孩子的妈妈不内耗：漫画版